IMPRESSUM

Math. Lempertz GmbH
Hauptstraße 354
53639 Königswinter
Tel.: 02223 / 90 00 36
Fax: 02223 / 90 00 38
info@edition-lempertz.de
www.edition-lempertz.de

© 2017 Mathias Lempertz GmbH

Alle Rechte vorbehalten. Ohne ausdrückliche Genehmigung des Verlages ist es nicht gestattet, das Buch oder Teile daraus zu vervielfältigen oder auf Datenträger aufzuzeichnen.

Dieses Kochbuch wurde nach bestem Wissen und Gewissen verfasst. Weder der Verlag noch die Autorin tragen die Verantwortung für ungewollte Reaktionen oder Beeinträchtigungen, die aus der Verarbeitung der Zutaten entstehen. Der Markenname „Thermomix®" ist rechtlich geschützt und wird nur als Bestandteil der Rezepte verwendet. Für Schäden, die bei der Zubereitung der Gerichte an Personen oder Küchengeräten entstehen, wird keine Haftung übernommen. Bitte beachten Sie die Anwendungshinweise der Gebrauchsanweisung Ihres Thermomix®-Gerätes.

 www.facebook.com/MIXtippRezepte

Titelbild: Fotolia
Lektorat: Edition Lempertz, Christina Meuser
Layout/Satz: Christine Mertens
Gesamtherstellung: CPI

ISBN: 978-3-96058-111-6

Fotos: © Patrizia Berkholz © StockFood: Koeb, Ulrike; Eising Studio – Food Photo & Video; Kröger & Gross © Fotolia: fotofund, Joshua Resnick, Silvia Bogdanski, Ben, Daorson, Ars Ulrikusch, alex9500, blende40, Angel Simon, A_Lein, Gordana Sermek, creative studio, Dmitriy, babsi_w, kab-vision, sabris, FF Cucina Liz Collet, Ideenkoch, Kitty, Sergiogen, sljubisa, filipbjorkman, Natalya Levish, Alexander Pleshko, marinavorona, disq, sborisov, Nikolai Sorokin, alexey_fedoren, a21, VRD, adisa, fottoo, mRGB, A. Karnholz, and.one, saiko3p, Tilo Grellmann, Hans und Christa Ede, hachri, Frank, Andreas P, Arpad, Nikolai Korzhov, pure-life-pictures

Herausgegeben von **mixtipp** Antje Watermann

Lieblingsrezepte aus der ÖSTERREICHISCHEN KÜCHE

Kochen mit dem Thermomix®

LEMPERTZ

INHALT

Vorwort 7
Glossar 9
Einleitung 10

SUPPEN

Kassuppe 16
Steirische Klachlsuppe 18
Knofisuppe 20
Paradeisersuppe 22
Schwammerlsuppe 24
Schwarzbrotsuppe 26
Rindsuppe 28
Biskuitschöberl 30
Fritatten 32
Fritattenrouladen 34

HAUPTSPEISEN & BEILAGEN

Stelze mit Erdäpfelpuffer 38
Beiried 40
Ochsenschlepp 42
Tafelspitz 44
Zellersalat 46
Wiener Kohl 48
Rahmnockerl 50
Waldviertler-Knödel 52

SCHMANKERL

- Kärntner Kasnudeln 56
- Krautfleckerln 58
- Schinkenfleckerln 60
- Faschierte Laberln 62
- Grober Leberkäse 64
- Liptauer 66

MEHLSPEISEN

- Dukatenbuchteln 70
- Kaiserschmarren 72
- Rhabarberkompott 74
- Nusspalatschinken 76
- Topfenpalatschinken 78
- Polsterzipfe 80
- Salzburger Nockerl 82

ZUM KAFFEE

- Topfenknödel 86
- Apfelstrudel 88
- Milchrahmstrudel 90
- Mohnstrudel 92
- Cremeschnitte 94
- Topfengolatschen 96
- Schlagobers-Guglhupf 98
- Sachertorte 100
- Linzer Torte 102
- Linzer Augen 104
- Vanillekipferl 106

VORWORT

LIEBLINGSREZEPTE AUS DER ÖSTERREICHISCHEN KÜCHE

VORWORT

Liebe Thermomixfreunde,

Der erfolgreiche erste Band „Leibspeisen – Hausmannskost aus dem Thermomix®" unserer Autorin Patrizia Berkholz bekommt einen Nachfolger. Diesmal nimmt uns die geborene Wienerin mit in die Küche ihrer Heimat. Natürlich serviert sie euch Palatschinken, Mehlspeisen und Leckereien zum Kaffee, denn die Wiener Kaffeehauskultur genießt weltweit Kultstatus. Aber auch Freunde der herzhaften Küche kommen auf ihre Kosten, denn Suppen, Schmankerl sowie Hauptgerichte und typische Beilagen werden zubereitet. Alle Rezepte sind sowohl für den TM 5 als auch für den TM 31 geeignet und während ihr mit euren Gästen eine gepflegte Gaudi habt, übernimmt der Thermomix® in der Küche die Arbeit.

Ich wünsche euch viel Spaß auf der Entdeckungsreise durch die österreichische Küche!

Herausgeberin, Edition Lempertz

GLOSSAR

Beiried	Roastbeef
Brösel	Paniermehl
Eidotter	Eigelb
Eiklar	Eiweiß
Erdapfel	Kartoffel
Faschiertes	Gehacktes, halb und halb
Fleckerl	quadratische Nudelform
Germ	Hefe
Geselchtes	Geräuchertes
Karotte	Möhre
KL, Kaffeelöffel	TL, Teelöffel
Kochschokolade	Blockschokolade
Kraut	Weißkraut
Kren	Meerrettich
Laberl, faschiertes	Frikadelle
Marille	Aprikosen
Ochsenschlepp	Ochsenschwanz
Paradeiser	Tomate
rasten	ruhen
Ribisel	Johannisbeeren
Rindsuppe	Fleischbrühe
Sauerrahm	Saure Sahne
Schlagobers	Schlagsahne
Schwammerl, Eierschwammerl	Pilze, Pfifferlinge
Staubzucker	Puderzucker
Stelze	Schweinshaxe
Suppenbund	Suppengrün
Topfen	Quark
Zeller	Sellerie
Zwetschke	Pflaume

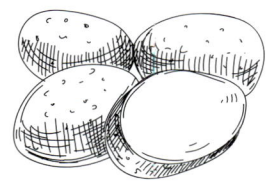

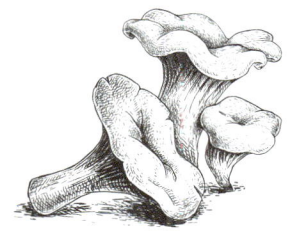
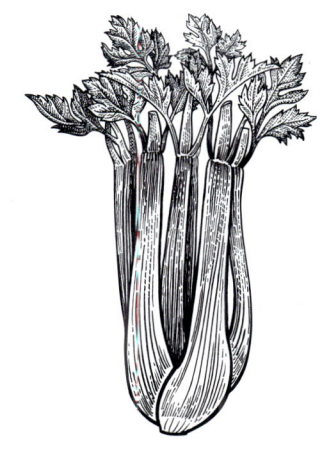

LIEBLINGSREZEPTE AUS DER ÖSTERREICHISCHEN KÜCHE

LIEBE LESER!

Willkommen in meinem zweiten Buch der mixtipp-Reihe! Die Vorbereitung zu diesem Buch hat wirklich Spaß gemacht: Ein halbes Jahr lang habe ich in Geschmackserinnerungen geschwelgt, vieles hat mich an meine Kindheit erinnert, einiges habe ich neu entdeckt und nur weniges musste ich variieren.

Bei meinen Besuchen in Wien ist es zur Tradition geworden, dass meine Oma Fritattensuppe macht, denn die lange Autofahrt macht hungrig. Mittlerweile erwarten es sogar meine Töchter – die Uroma macht Suppe. Suppe ist ein Ritual, sie kocht lange und hüllt das ganze Haus mit ihrem Duft ein. Mir fehlt es, bei jedem Besuch im Gasthaus erstmal Fritattensuppe zu essen und damit die Qualität des Essens zu überprüfen. Meine Töchter haben mir in den letzten Wochen auch ein Ritual abgerungen: Einmal pro Woche gibt es Palatschinken – die Variante mit Marmelade und Nutella®. Tatsächlich hat diese Leckerei auch den Nudeln mit Tomatensauce den Rang abgelaufen.

Im Wiener Prater gibt es das Schweizerhaus – ein traditionelles Gasthaus, wo es im Minutentakt Stelze mit Erdäpfelpuffer gibt. Der Prater ist ein kleiner Freizeitpark und auch hier habe ich es mir nicht nehmen lassen, genau diese Tradition in dieses Buch wandern zu lassen.

An eine Tatsache kann ich mich noch ganz genau erinnern: vom Teig der Linzer Augen wird einem furchtbar schlecht! So wie ich, haben sich aber auch meine Töchter nicht davon abhalten lassen, mehr zu naschen, als ihren Mägen gut getan hat.

Ich lebe nun seit 2008 in Berlin bzw. der Umgebung Berlins. Was ich wirklich vermisse sind die Berge. Mein österreichischer Dialekt ist nahezu verschwunden, meine Kinder, die in der Hauptstadt geboren sind, „berlinern". Lediglich im logopädischen Befund steht, dass meine Kinder eine andere Sprachmelodie leben und erleben, und tatsächlich:

EINLEITUNG

meine Mädels haben Migrationshintergrund. Letztendlich sind sie aber stolz darauf, auch Österreicher zu sein. Das werden wir auch immer sein. Unser Zuhause ist und bleibt aber in Deutschland. Da sind nämlich unsere Herzen (und unsere Mägen) zuhause.

In meinem ersten Buch „Leibspeisen – Hausmannskost aus dem Thermomix®" habe ich insbesondere meinem Mann gedankt, dem fleißigen Mixtopf-Wäscher, der zu Weihnachten einen zweiten und dritten Mixtopf anschaffen möchte – damit ich weniger Stress habe. Ich überlege im Gegenzug, herumliegende Socken und offene Zahnpastatuben zu ignorieren. Im nächsten Jahr sind wir 10 Jahre ein Paar und wollen uns nun endlich auch kirchlich trauen – in der neuen Heimat. Und hier schließt sich dann der Kreis…

Diejenigen, die mir auf Instagram folgen, wissen, dass mein Blog von weit mehr als nur vom Essen lebt. Ich habe meinen Followern auch einen kleinen Einblick in mein Familienleben gegeben: In meine Krebserkrankung, die Schwerbehinderung meiner Tochter, meine Meinung zu weltpolitischen Themen, wir mussten im letzten Jahr einige Persönlichkeiten des öffentlichen Lebens betrauern, mussten hier in Berlin einen Terroranschlag verkraften und und und. 2016 war für viele in unserem Bekanntenkreis ein *piep* Jahr. Warum ich das öffentlich mache? Ganz einfach: In schlechten Zeiten fühlt es sich so an, als ob man allein wäre, als ob der liebe Gott oder das Schicksal es besonders schlecht mit einem meint. Die Frage nach dem Warum? nimmt einen großen Stellenwert ein. Aber ich sage euch: Ihr seid nicht alleine! Jeder muss sein Päckchen tragen, jeder einzelne kann aber etwas dagegen tun, dass sich die Mitmenschen nicht alleine fühlen. Fragt nicht nur einfach, wie es jemandem geht – hört auch zu! Und irgendwann taucht irgendwo am Horizont ein Lichtlein auf…

LIEBLINGSREZEPTE AUS DER ÖSTERREICHISCHEN KÜCHE

EINLEITUNG

Ich habe zum Erscheinungstermin der Leibspeisen auf Amazon sehr viele negative Bewertungen erhalten – eigentlich nur aus einem Grund. Dass die Fotos diesmal wohl sehr lieblos seien, dass es eines der schlechtesten Bücher des Verlags sei und dass entschieden wurde, das Buch zurück zu schicken. Zum Einen möchte ich hier die Edition Lempertz aus der Pflicht nehmen. Gemeinsam mit mir wurde entschieden, dass wir „echte" Bilder nehmen. Zum Anderen: Ich bin keine Food-Fotografin, ich koche. Und ich fotografiere das, was bei uns zuhause auf den Tisch kommt. Meistens schmeckt es; das, was nicht schmeckt, landet nicht im Buch. Jedes einzelne Gericht wird auf euren Tellern genauso aussehen (oder sogar noch besser). Jeder, der dieses Buch in Händen hält, kennt es: etwas funktioniert nicht. Meistens genau dann, wenn es „um die Wurst geht". Und doch landen genau diese Fotos dann im Buch. Um euch zu zeigen, dass es mir nicht anders geht als euch – zählen tut aber der Geschmack! Ich bitte euch, das vor einer negativen Bewertung meiner Fotos zu beachten, und danke jedem auf Instagram, der mir Mut zugesprochen hat. Eine Reaktion auf meine Antworten der Bewertungen auf Amazon gab es übrigens nicht mehr…

Dann gibt es aber auch noch zu sagen, dass sich im letzten Buch der Fehlerteufel eingeschlichen hat – bei den Laugenstangen sind es natürlich 500 g Mehl und nicht 50 g. Vielen Dank an die Leserfamilie, der das aufgefallen ist!

Nun habe ich aber genug geschwafelt, ich wünsche euch viel Spaß und würde mich über euren Besuch auf meiner Instagram-Seite sehr freuen!

@thermomixxi
#ÖsterreichischeLeckereien

Eure Patrizia

LIEBLINGSREZEPTE AUS DER ÖSTERREICHISCHEN KÜCHE

EINLEITUNG

LIEBLINGSREZEPTE AUS DER ÖSTERREICHISCHEN KÜCHE

SUPPEN

SUPPEN

4–6 Portionen | 35 Min. | leicht

KASSUPPE

Zubereitungszeit: 35 Minuten
Zutaten für 4–6 Portionen

100 g Käse, in Stücken, z.B. Emmentaler oder Butterkäse

1 Zwiebel, geschält, halbiert

60 g Butter, weich, in Stücken

30 g Weizenmehl, Type 405

800 g Rindsuppe, z.B. selbst gemacht, s. S. 28

200 g Schlagobers

4 Scheiben Schmelzkäse

Salz, nach Belieben

Pfeffer, nach Belieben

Muskat, nach Belieben

1. Gib als Erstes den Käse deiner Wahl in Stücken in den Mixtopf und zerkleinere ihn 8 Sekunden/ Stufe 8. Stelle ihn in einer separaten Schüssel beiseite.

2. Schäle als Nächstes eine Zwiebel und zerkleinere die Zwiebelhälften 5 Sekunden/ Stufe 5 im Mixtopf. Schiebe die Stückchen mit dem Spatel nach unten und gib die Butter hinzu. Dünste die Zwiebelstücke 5 Minuten/ Varoma/ Sanftrührstufe an.

3. Füge das Mehl hinzu und schwitze auch dieses 5 Minuten/ Varoma/ Sanftrührstufe an.

4. Anschließend gießt du Rindsuppe und Schlagobers durch die Deckelöffnung in den Mixtopf und köchelst die Suppe 10 Minuten/ Varoma/ Stufe 2.

5. Gib dann den beiseite gestellten Käse und den Schmelzkäse dazu und köchele die Suppe weitere 10 Minuten/ Varoma/ Stufe 2. Schmecke die Kassuppe mit Salz, Pfeffer und Muskat nach deinem Geschmack ab und püriere sie 10 Sekunden/ Stufe 6.

mixtipp
Für eine kräftige Suppe, geriebenen Emmentaler verwenden. Wer es nicht so intensiv mag, nimmt Butterkäse!

STEIRISCHE KLACHLSUPPE

4–6 Portionen | 50 Min. | leicht

Zubereitungszeit: 50 Minuten
Zutaten für 4–6 Portionen

1 Zwiebel, geschält, halbiert
100 g Zeller, geschält
50 g Lauch, geputzt
150 g Karotten, geschält
1 Bund Petersilie
700 g Schweinenacken
400 g Suppenfleisch vom Rind, mit Knochen
1 Lorbeerblatt
6 Pfefferkörner
Salz, nach Belieben
120 g Sauerrahm
20 g Weizenmehl, Type 405

1. Befülle zunächst den Mixtopf mit Zwiebel, Zeller, Lauch, Karotten, Petersilie, Schweinenacken, Suppenfleisch, Lorbeerblatt, Pfefferkörnern und Salz. Gieße so viel Wasser hinein, dass die maximale Füllmenge erreicht ist, und lass die Zutaten 45 Minuten/ Varoma/ Linkslauf/ Sanftrührstufe köcheln.

2. Danach gießt du das Gemüse und das Fleisch durch ein Sieb ab, wobei du die Brühe auffängst und wieder in den Mixtopf zurückgibst. In einem Schälchen verrührst du Sauerrahm und Mehl miteinander. Rühre diese Mischung 10 Sekunden/ Stufe 4 unter die Brühe.

3. Schneide nun das Fleisch und das Gemüse in kleine Stücke und gib es wieder in die Suppe.

4–6 Portionen | 25 Min. | leicht

KNOFISUPPE

Zubereitungszeit: 25 Minuten
Zutaten für 4–6 Portionen

1 Zwiebel, geschält, halbiert
10 g Knoblauch
30 g Butter
45 g Weizenmehl, Type 405
1000 g Rindsuppe z.B. selbst gemacht, s. S. 28
200 g Sauerrahm
Salz, nach Belieben
Pfeffer, nach Belieben
Muskat, nach Belieben
Brotstücke, geröstet, nach Belieben

1. Als Erstes zerkleinerst du die Zwiebel und den Knoblauch im Mixtopf 5 Sekunden/ Stufe 5 und schiebst die Stückchen mit dem Spatel nach unten. Gib die Butter dazu und dünste die Zwiebel-Knoblauch-Mischung 5 Minuten/ Varoma/ Sanftrührstufe an.

2. Streue das Mehl darüber und schwitze dieses weitere 5 Minuten/ Varoma/ Sanftrührstufe an. Lösche die Mehlschwitze mit der Rindsuppe ab und koche die Suppe 10 Minuten/ Varoma/ Stufe 2.

3. Füge den Sauerrahm hinzu und würze nach deinem Geschmack mit Salz, Pfeffer und Muskat. Püriere die Suppe 10 Sekunden/ Stufe 6 und serviere sie mit gerösteten Brotstücken.

mixtipp
Wenn du anschließend Petersilie oder Kaffeebohnen kaust, kannst du den Knoblauchatem vermindern!

SUPPEN

4–6 Portionen | 55 Min. | leicht

PARADEISERSUPPE

Zubereitungszeit: 55 Minuten
Zutaten für 4–6 Portionen

50 g Butter, weich, in Stücken

1 Zwiebel, geschält, geviertelt

20 g Weizenmehl, Type 405

10 g Tomatenmark

600 g Paradeiser, geviertelt

20 g Zucker

1000 g Gemüsebrühe

Salz, nach Belieben

Pfeffer, nach Belieben

Balsamicoessig, nach Belieben, alternativ Zitronensaft

100 g Schlagobers

Oregano, frisch, zum Dekorieren

1. Zuerst zerkleinerst du die Butter zusammen mit den Zwiebelvierteln im Mixtopf 5 Sekunden/ Stufe 5 und schiebst die Stücke mit dem Spatel nach unten. Schwitze sie dann 5 Minuten/ Varoma/ Sanftrührstufe an.

2. Streue das Mehl darüber und dünste es 5 Minuten/ Varoma/ Sanftrührstufe. Füge in der letzten Minute das Tomatenmark durch die Deckelöffnung hinzu.

3. Wasche in der Zwischenzeit die Paradeiser, schneide sie in Viertel und entferne den Stielansatz. Gib nun auch die Paradeiser in den Mixtopf und dünste sie 5 Minuten/ Varoma/ Sanftrührstufe. Süße dann mit Zucker und lass sie weitere 5 Minuten/ Varoma/ Sanftrührstufe köcheln.

4. Gieße schließlich die Gemüsebrühe an, würze nach deinem Geschmack mit Salz, Pfeffer und etwas Balsamicoessig, und lass die Paradeisersuppe 30 Minuten/ Varoma/ Sanftrührstufe köcheln.

5. Zum Schluss fügst du Schlagobers hinzu und pürierst die Suppe 10 Sekunden/ Stufe 6. Dekoriere mit einem Klecks Schlagobers und einigen Oreganoblättchen.

mixtipp
Hier lassen sich auch ganze Tomaten aus der Dose gut verarbeiten!

 **SUPPEN**

 4–6 Portionen   35 Min.   leicht

SCHWAMMERLSUPPE

Zubereitungszeit: 35 Minuten
Utensilien: Pfanne
Zutaten für 4–6 Portionen

1 Zwiebel, geschält, geviertelt
400 g Schwammerl, z.B. Champignons, geputzt, je nach Größe halbiert
100 g Butter, weich, in Stücken
40 g Weizenmehl, Type 405
1000 g Rindsuppe z.B. selbst gemacht, s. S. 28
200 g Schlagobers
Salz, nach Belieben
Pfeffer, nach Belieben
150 g Sauerrahm
Petersilie zum Dekorieren

1. Schäle zunächst die Zwiebeln und putze die Schwammerl. Gib dann die Zwiebelviertel, 300 g Schwammerl und die Butter in den Mixtopf und zerkleinere die Zutaten 6 Sekunden/ Stufe 5. Schiebe alles mit dem Spatel nach unten und schwitze die Stückchen 5 Minuten/ Varoma/ Sanftrührstufe an.

2. Streue nun das Mehl über die angedünstete Zwiebel-Schwammerl-Mischung und schwitze sie 5 Minuten/ Varoma/ Sanftrührstufe mit an.

3. Lösche mit Rindsuppe und Schlagobers ab, würze mit Salz und Pfeffer und koche die Suppe 20 Minuten/ Varoma/ Sanftrührstufe.

4. Schneide die restlichen Schwammerl in Scheiben und röste sie in einer Pfanne auf dem Herd bei höchster Stufe an.

5. Gib schließlich den Sauerrahm in den Mixtopf und verrühre ihn 5 Sekunden/ Stufe 5 mit der Schwammerlsuppe. Dekoriere mit den gerösteten Schwammerlscheiben und einigen Petersilienblättchen.

mixtipp: Je nach Saison kannst du auch Eierschwammerl oder Steinpilze verwenden!

LIEBLINGSREZEPTE AUS DER ÖSTERREICHISCHEN KÜCHE

mix*tipp*

Schwammerl niemals waschen, sondern anhaftende Erde nur mit einem Pinsel oder Tuch abreiben. Sie werden sonst matschig.

SUPPEN

4–6 Portionen | 25 Min. | leicht

SCHWARZBROTSUPPE

Zubereitungszeit: 25 Minuten
Zutaten für 4–6 Portionen

1 Zwiebel, geschält, halbiert

50 g Butter, weich, in Stücken

100 g Schwarzbrot, in Stücken

800 g Rindsuppe
z.B. selbst gemacht, s. S. 28

2 Eier, Größe M

1. Als Erstes zerkleinerst du die Zwiebelhälften mit der Butter im Mixtopf 5 Sekunden/ Stufe 5 und schiebst die Stücke mit dem Spatel nach unten. Schwitze die Zwiebelstückchen anschließend 5 Minuten/ Varoma/ Sanftrührstufe an.

2. Dann gibst du die Schwarzbrotwürfel dazu und dünstest sie 5 Minuten/ Varoma/ Sanftrührstufe.

3. Gieße die Rindsuppe an und köchele die Suppe 10 Minuten/ Varoma/ Sanftrührstufe. Zum Schluss fügst du die Eier hinzu und rührst sie 10 Sekunden/ Stufe 5 unter.

mixtipp: Dies ist eine ungewöhnliche Suppe, die ausgezeichnet schmeckt!

4–6 Portionen | 2 h 5 Min. | mittel

RINDSUPPE

Zubereitungszeit:
2 Stunden 5 Minuten
Zutaten für 4–6 Portionen

1 Zwiebel, geschält, geviertelt
120 g Zeller, geputzt, in Stücken
90 g Lauch, geputzt, in Stücken
200 g Karotten, geschält, in Stücken
1 Bund Petersilie
800 g Rinderbeinscheibe
1000 g Wasser
1 Suppenwürfel
1 TL Salz

1. Als Erstes füllst du Zwiebelviertel, Zeller-, Lauch- und Karottenstücke sowie Petersilie und Rinderbeinscheibe in den Mixtopf. Fülle dann den Mixtopf bis zur maximalen Füllmenge mit Wasser auf und koche die Suppe 1 Stunde/ 100°C/ Linkslauf/ Stufe 1.

2. Füge dann Suppenwürfel und Salz durch die Deckelöffnung hinzu und köchele die Suppe wiederum 1 Stunde/ 100°C/ Linkslauf/ Stufe 1.

3. Schließlich gießt du die Suppe durch ein Sieb in einen Topf. Löse das gegarte Fleisch vom Knochen und serviere es mit der aufgefangenen Rindsuppe.

mixtipp: Das Gemüse und das Fleisch kann klein geschnitten zur Suppe serviert oder anderweitig verwendet werden, z.B. für Fritattenrouladen auf Seite 34.

mixtipp

Mit dem gleichen Ansatz kannst du auch eine Hühnersuppe kochen. Verwende dann einfach 800 g Hühnerklein und -fleisch.

SUPPEN

4–6 Portionen | 16 Min. | leicht

BISKUITSCHÖBERL

Zubereitungszeit: **6 Minuten**
Backzeit: **10 Minuten, 200°C Umluft**
Utensilien: **Backblech und -papier**
Zutaten für 4–6 Portionen

| 4 Eiklar, Größe M |
| 1 Prise Salz |
| 120 g Weizenmehl, Type 405 |

1. Heize als Erstes den Backofen auf 200°C Umluft vor und lege ein Backblech mit Backpapier aus.

2. Setze den Schmetterling in den Mixtopf ein und schlage das Eiklar mit dem Salz 4 Minuten/ Stufe 3 steif.

3. Füge das Mehl hinzu und verrühre die Zutaten 5 Sekunden/ Stufe 2. Streiche die Masse auf dem vorbereiteten Backblech dünn aus und backe sie 10 Minuten/ 200°C Umluft.

4. Schneide die gebackenen Biskuitschöberl in Streifen und dann in Dreiecke. Sie sind eine klassische Einlage für eine Rindsuppe (s. S. 28).

mixtipp
Schöberl meint im Österreichischen etwas „Geschobenes", nämlich hier in den Backofen hinein.

LIEBLINGSREZEPTE AUS DER ÖSTERREICHISCHEN KÜCHE

FRITATTEN

10–12 Stück | 20 Min. | leicht

Zubereitungszeit: 20 Minuten
Utensilien: Pfanne
Zutaten für 10–12 Stück

9 Eier, Größe M

240 g Weizenmehl, Type 405

500 g Milch

1 Prise Salz

50 g Petersilie, gehackt

Öl zum Ausbacken

Schnittlauchröllchen zum Dekorieren

1. Verrühre Eier, Mehl, Milch und Salz im Mixtopf 30 Sekunden/ Stufe 6. Gib 5 Sekunden vor Ende der Rührzeit die gehackte Petersilie durch die Deckelöffnung hinzu.

2. Erhitze etwas Öl in einer Pfanne auf dem Herd und gib so viel Teig hinein, dass der Boden dünn bedeckt ist. Wende die Palatschinke und backe sie von beiden Seiten goldbraun. Verarbeite den restlichen Teig portionsweise auf die gleiche Art und Weise. Stelle die fertigen Palatschinken auf einem Teller beiseite.

3. Wenn der gesamte Teig verarbeitet ist, rollst du die Palatschinken ein und schneidest sie anschließend mit einem Messer in etwa 0,5 cm dicke Scheiben, die sogenannten Fritatten. Gib die Fritatten in einen Suppenteller, übergieße sie mit einer heißen, klaren Suppe und streue Schnittlauchröllchen darüber. Die Fritatten werden in der heißen Suppe schnell wieder warm und verzehrfertig.

mixtipp
Du kannst die gerollten Palatschinken auch einfrieren und portionsweise als Suppeneinlage verwenden. Schneide die Rollen dann nach dem Auftauen zu Fritatten.

mixtipp

Meine Oma hat mir die goldene Regel beim Palatschinkenbacken beigebracht: Die erste und die letzte Palatschinke gelingen nie, schmecken aber trotzdem!

4 Portionen | 40 Min. | leicht

FRITATTENROULADEN

Zubereitungszeit: 20 Minuten
Backzeit: 20 Minuten, 180°C Umluft
Utensilien: Pfanne, Auflaufform
Zutaten für 4 Portionen

4 Eier, Größe M
60 g Weizenmehl, Type 405
100 g Milch
2 Prisen Salz
1 Zwiebel, geschält, halbiert
1 Knoblauchzehe
20 g Öl + zum Ausbacken + zum Einfetten
60 g Suppenfleisch vom Rindsuppekochen (s. S. 28), gegart
60 g Suppengemüse vom Rindsuppekochen (s. S. 28), gegart
Majoran, nach Belieben
Pfeffer, nach Belieben

1. Verrühre 2 Eier, Mehl, Milch und 1 Prise Salz im Mixtopf 30 Sekunden/ Stufe 6.

2. Erhitze etwas Öl in einer Pfanne auf dem Herd und gib so viel Teig hinein, dass der Boden dünn bedeckt ist. Wende die Palatschinke und backe sie von beiden Seiten goldbraun. Verarbeite den restlichen Teig portionsweise auf die gleiche Art und Weise. Stelle die fertigen Palatschinken auf einem Teller beiseite.

3. Für die Füllung schälst du Zwiebel und Knoblauch, halbierst beides und zerkleinerst die Hälften im Mixtopf mit 20 g Öl 5 Sekunden/ Stufe 5. Schiebe die Stücke mit dem Spatel nach unten und gib das Suppenfleisch in Stücken dazu. Dünste die Mischung 5 Minuten/ Varoma/ Stufe 1.

4. Heize den Backofen auf 180°C Umluft vor und fette die Auflaufform ein.

5. Füge die restlichen 2 Eier, die restliche Prise Salz sowie das gegarte Suppengemüse, Majoran und Pfeffer in den Mixtopf hinzu. Verrühre die Zutaten 5 Sekunden/ Stufe 5. Verteile anschließend die Füllung auf die beiseite gestellten Palatschinken, rolle sie ein und lege sie in die gefettete Auflaufform. Backe die Fritattenrouladen im Backofen 20 Minuten/ 180°C Umluft.

6. Du kannst die warmen Rouladen sofort servieren.

mixtipp
Rindsuppe und Fritattenrouladen lassen sich prima auf Vorrat kochen und einfrieren!

mixtipp

Du kannst die Rouladen auch abkühlen lassen, in Scheiben schneiden und in eine klare Rindsuppe geben.

HAUPTSPEISEN & BEILAGEN

STELZE MIT ERDÄPFELPUFFER

 4–6 Portionen 2 h 50 Min. mittel

Zubereitungszeit: 1 Stunde 50 Minuten
Backzeit: 1 Stunde, 180°C Umluft
Utensilien: Auflaufform, Pfanne
Zutaten für 4–6 Portionen

2 Stelzen vom Schwein à 600–800 g
1500 g Rindsuppe z.B. selbst gemacht, s. S. 28
800 g Erdäpfel, vorwiegend festkochend, geschält, in Stücken
1 Knoblauchzehe
3 Eier, Größe M
Salz, nach Belieben
Pfeffer, nach Belieben
Öl zum Ausbacken

1. Hänge das Garkörbchen in den Mixtopf ein und lege eine Stelze hinein. Gieße dann so viel von der Rindsuppe hinzu, dass die oberste Markierung erreicht ist. Schließe den Mixtopfdeckel ohne den Messbecher aufzusetzen, positioniere dann den Varoma auf dem Mixtopf und lege die zweite Stelze hinein. Je nach Größe kannst du auch beide Stelzen in den Varoma legen. Schließe den Varoma und stelle sicher, dass alles richtig sitzt, damit kein Dampf unkontrolliert entweichen kann. Gare das Fleisch 90 Minuten/ Varoma/ Stufe 1. Nach etwa 50 Minuten setzt du den Varoma vorsichtig ab und gießt die restliche Rindsuppe durch die Deckelöffnung hinzu.

2. Heize dann den Backofen auf 180°C Umluft vor. Gib die vorgegarten Stelzen in eine Auflaufform und grille sie 1 Stunde/ 180°C Umluft bis zur gewünschten Knusprigkeit der Schwarte.

3. Bereite nun die Erdäpfelpuffer zu. Schäle hierfür Erdäpfel und Knoblauchzehe, schneide die Erdäpfel in Stücke und gib die Hälfte der Stücke in den Mixtopf. Zerkleinere die Zutaten 3 Sekunden/ Stufe 6. Stelle das Garkörbchen in eine Schüssel und fülle die Erdäpfelmasse hinein, damit die Erdäpfel die Flüssigkeit verlieren. Wiederhole die Einstellung dann mit den restlichen Kartoffelstücken. Wenn du magst, kannst du die vom Wasser abgesetzte Stärke wieder zu den Erdäpfeln geben. Füge außerdem Eier, Salz und Pfeffer nach Geschmack hinzu und verrühre die Zutaten 12 Sekunden/ Stufe 5.

4. In einer Pfanne erhitzt du Öl und gibst die Erdäpfelmasse portionsweise mit einem Löffel hinein. Drücke die Puffer flach und backe sie bis zur gewünschten Bräune von beiden Seiten aus. Serviere sie dann zu den Stelzen.

HAUPTSPEISEN & BEILAGEN

4–6 Portionen | 1 h 10 Min. | mittel

BEIRIED

Zubereitungszeit:
1 Stunde 10 Minuten
Zutaten für 4–6 Portionen

1000 g Roastbeef am Stück
1 EL Senf
1 EL Tomatenmark
3 Karotten, geschält, in Stücken
300 g Zeller, geschält, in Stücken
1 Zwiebel, geschält, halbiert
1 Lauchstange, geputzt, in Stücken
1 rote Paprika, entkernt, in Stücken
1 Bund Petersilie, gewaschen
100 g Speck am Stück, in Stücken
1200 g Gemüsebrühe
50 g Weizenmehl, Type 405

1. Reibe zunächst das Fleisch mit Senf und Tomatenmark ein. Schäle dann Karotten, Zeller und Zwiebel, schneide das Gemüse in Stücke und verteile es im Varoma. Wasche Lauch, Paprika und Petersilie, entferne den Wurzelansatz und die Kerne der Paprika. Schneide Lauch und Paprika ebenfalls in Stücke und verteile sie mit der Petersilie auf dem restlichen Gemüse im Varoma. Lege das Fleisch auf das Gemüsebett und verteile die Speckstücke darüber. Achte dabei darauf, dass genügend Schlitze frei bleiben, damit der Dampf ungehindert zirkulieren kann.

2. Fülle die Gemüsebrühe in den Mixtopf, verschließe den Mixtopfdeckel, allerdings ohne den Messbecher aufzusetzen. Positioniere den verschlossenen Varoma auf dem Mixtopfdeckel, stelle sicher, dass alles richtig sitzt, damit kein Dampf unkontrolliert entweichen kann. Gare nun die Zutaten 60 Minuten/ Varoma/ Stufe 1.

3. Setze den Varoma vorsichtig ab und halte Gemüse und Fleisch warm. Gib das Mehl zu der restlichen Flüssigkeit im Mixtopf, es sollten etwa 200 g sein. Koche die Flüssigkeit 5 Minuten/ Varoma/ Stufe 4 zu einer Sauce ein. Schneide das Fleisch in Scheiben und richte es gemeinsam mit dem Gemüse und der Sauce an.

mixtipp
Ich liebe Kartoffelspalten aus dem Backofen dazu! Das Gemüse kannst du nach Geschmack und Saison variieren.

HAUPTSPEISEN & BEILAGEN

4 Portionen | 3 h 30 Min. | mittel

OCHSENSCHLEPP

Zubereitungszeit:
3 Stunden 30 Minuten
Utensilien: Pfanne
Zutaten für 4 Portionen

| 1500 g Ochsenschlepp |
| Salz, nach Belieben |
| Pfeffer, nach Belieben |
| 2 Zwiebeln, geschält, halbiert |
| 1 Suppenbund |
| 20 g Öl |
| 70 g Tomatenmark |
| 165 g Rotwein |
| 1 Lorbeerblatt |
| 1 KL Thymian |
| ½ KL Pfefferkörner |
| 800 g Rindsuppe z.B. selbst gemacht, s. S. 28 |
| 1 EL Speisestärke |

mixtipp Als Beilage essen wir gerne Nudeln und glasierte Karotten dazu!

1. Würze den Ochsenschlepp rundherum mit Salz und Pfeffer und brate ihn zunächst in einer heißen Pfanne auf dem Herd von allen Seiten scharf an. Stelle den Ochsenschlepp auf einem Teller beiseite.

2. Schäle dann die Zwiebeln und das Suppenbund, schneide das Gemüse in Hälften bzw. grobe Stücke. Brate die Zutaten mit dem Öl in der gleichen Pfanne an, in der du den Ochsenschlepp angebraten hast. Gib das Tomatenmark dazu und röste es ebenfalls an. Lösche die Mischung mit 125 g Rotwein ab und lass sie auf mittlerer Stufe etwas reduzieren.

3. Fülle das Gemüse in den Mixtopf, schneide den Ochsenschlepp in Scheiben und verteile das Fleisch auf dem Gemüse. Gib Lorbeerblatt, Thymian, Pfefferkörner und soviel Rindsuppe dazu, dass der Mixtopf bis zur obersten Markierung gefüllt ist. Koche das Fleisch darin 90 Minuten/ 100°C/ Linkslauf/ Sanftrührstufe.

4. Zwischendurch prüfst du, ob noch genug Flüssigkeit im Mixtopf ist und gießt gegebenenfalls etwas Rindsuppe nach. Wiederhole die Einstellung, so dass der Ochsenschlepp insgesamt 3 Stunden gart. Manchmal schaltet sich der Thermomix® aufgrund der langen Laufzeit ab. Hier kannst du einfach abwarten, bis er abgekühlt ist und danach den Thermomix® erneut programmieren. Die Ochsenschleppscheiben dünsten in der Wartezeit auch ohne Temperaturzufuhr weiter.

5. Nach der Garzeit nimmst du die Ochsenschleppscheiben aus dem Mixtopf und stellst das Fleisch warm. Entferne das Lorbeerblatt und rühre in einem Schälchen die restlichen 40 g Rotwein mit der Speisestärke glatt. Gieße die Mischung in den Mixtopf und koche die Sauce 10 Minuten/ 100°C/ Sanftrührstufe. Püriere sie anschließend 10 Sekunden/ Stufe 6. Serviere die Sauce mit den Ochsenschleppscheiben.

HAUPTSPEISEN & BEILAGEN

4–6 Portionen | 1 h 50 Min. | mittel

TAFELSPITZ

Zubereitungszeit:
1 Stunde 50 Minuten
Zutaten für 4–6 Portionen

1700 g Wasser

1 KL Pfefferkörner

2 Stängel Thymian

2 Stängel Basilikum

1 Lorbeerblatt

Rosmarin, nach Belieben

2 Zwiebeln, geschält, halbiert

3 Karotten, geschält, in Stücken

300 g Zeller, geschält, in Stücken

1000 g Tafelspitz

1 Stange Lauch, geputzt, in Stücken

1 KL gekörnte Brühe

1 EL Weizenmehl, Type 405

Schnittlauchröllchen zum Dekorieren

1. Fülle zunächst Wasser, Pfefferkörner, Thymian, Basilikum, Lorbeerblatt und Rosmarin, falls gewünscht, in den Mixtopf. Schließe den Mixtopfdeckel, allerdings ohne den Messbecher aufzusetzen.

2. Schäle nun Zwiebeln, Karotten und Zeller, schneide das Gemüse in Hälften bzw. Stücke und verteile es im Varoma. Lege den Tafelspitz auf die Gemüsestücke. Schneide dann das Wurzelstück vom Lauch ab, halbiere ihn, wasche ihn zwischen den Blättern gut aus und schneide ihn in Stücke. Lege die Lauchstücke ebenfalls in den Varoma, achte dabei darauf, dass genügend Schlitze frei bleiben, damit der Dampf ungehindert zirkulieren kann. Schließe nun den Varoma mit dem Deckel und setze ihn auf den Mixtopf. Stelle sicher, dass alles richtig sitzt, damit kein Dampf unkontrolliert entweichen kann. Gare den Tafelspitz auf seinem Gemüsebett 90 Minuten/ Varoma/ Stufe 1.

3. Nimm den Varoma vorsichtig ab und stelle ihn beiseite. Gieße die restliche Flüssigkeit, es sollten etwa 300 g sein, durch den Gareinsatz in eine Schüssel. Gib 250 g vom Sud zurück in den Mixtopf und würze ihn mit gekörnter Brühe. Rühre 50 g vom Sud mit dem Mehl glatt und gieße die Mischung in den Mixtopf. Köchele die Sauce 5 Minuten/ 100°C/ Stufe 2.

4. Schneide in der Zwischenzeit den Tafelspitz in dünne Scheiben und richte ihn mit dem Gemüse auf einer Platte an. Die Lauchstücke verwende ich dabei nicht. Serviere die Sauce dazu und dekoriere mit Schnittlauchröllchen.

mixtipp
In Österreich reicht man gerne frisch geriebenen Kren zum Tafelspitz, wir essen Bratkartoffeln dazu.

 HAUPTSPEISEN & BEILAGEN

 4–6 Portionen 3 Min. leicht

ZELLERSALAT

Zubereitungszeit: 3 Minuten
Zutaten für 4–6 Portionen

400 g Zeller, geschält, in Stücken

300 g Äpfel, mit Schale, entkernt, in Achteln, z.B. Jonagold

240 g Ananas, frisch, in Stücken

80 g Mandeln

500 g Joghurt, 3,5 % Fett

Zitronensaft, nach Belieben

Honig, nach Belieben

1. Schäle den Zeller und schneide ihn in Stücke. Wasche die Äpfel, entkerne sie und schneide sie in Achtel. Schäle die Ananas, entferne den Strunk und schneide sie in Stücke.

2. Gib die Zeller-, Apfel- und Ananasstücke sowie Mandeln, Joghurt, Zitronensaft und Honig in den Mixtopf. Zerkleinere die Zutaten 5–10 Sekunden/ Stufe 6 mithilfe des Spatels, den du durch die Deckelöffnung entgegen der Mixrichtung bewegst.

mixtipp
Der Zellersalat ist eine erfrischende Alternative zu amerikanischem Coleslaw!

LIEBLINGSREZEPTE AUS DER ÖSTERREICHISCHEN KÜCHE

WIENER KOHL

4 Portionen | 45 Min. | leicht

Zubereitungszeit: 45 Minuten
Zutaten für 4 Portionen

800 g Weißkohl, gewaschen, in Stücken

500 g Wasser

5 g Salz + Salz, nach Belieben

1 Knoblauchzehe

20 g Butter

20 g Weizenmehl, Type 405

Pfeffer, nach Belieben

100 g Kassler, in Stücken

mixtipp
Wir essen gerne polnische Wurst dazu!

1. Wasche den Weißkohl und schneide ihn in grobe Stücke. Zerkleinere die Stücke in zwei Portionen á 400 g jeweils 5 Sekunden/ Stufe 5. Fülle den zerkleinerten Kohl in den Varoma, achte dabei darauf, dass genügend Schlitze frei bleiben, damit der Dampf ungehindert zirkulieren kann. Gieße das Wasser mit dem Salz in den Mixtopf, verschließe den Mixtopfdeckel, allerdings ohne den Messbecher aufzusetzen, und positioniere den geschlossenen Varoma obenauf. Stelle sicher, dass alles richtig sitzt, damit kein Dampf unkontrolliert entweichen kann und gare das Kraut 30 Minuten/ Varoma/ Stufe 1.

2. Setze den Varoma vorsichtig ab und gieße das restliche Salzwasser in einen Messbecher. Fülle mit Wasser auf 250 ml auf.

3. Schäle die Knoblauchzehe und zerkleinere sie mit der Butter 5 Sekunden/ Stufe 5. Schiebe die Reste mithilfe des Spatels nach unten und dünste sie 3 Minuten/ Varoma/ Stufe 1. Gib nach 1 Minute das Mehl durch die Deckelöffnung hinzu. Schiebe die Mehlschwitze nach der Garzeit mithilfe des Spatels nach unten und gieße die beiseite gestellte Flüssigkeit in den Mixtopf. Köchele die Sauce weitere 3 Minuten/ Varoma/ Stufe 3 und schmecke mit Salz und Pfeffer ab.

4. Füge schließlich den beiseite gestellten Kohl und die Kasslerstücke hinzu und erhitze die Zutaten 5 Minuten/ Varoma/ Stufe 2.

HAUPTSPEISEN & BEILAGEN

4–6 Portionen | 15 Min. | leicht

RAHMNOCKERL

Zubereitungszeit: 15 Minuten
Utensilien: Topf
Zutaten für 4–6 Portionen

250 g Weizenmehl, Type 405

2 Eier, Größe M

200 g Sauerrahm

1 Prise Salz

1. Gib Mehl mit Eiern, Sauerrahm und Salz in den Mixtopf und verrühre die Zutaten 30 Sekunden/Stufe 3.

2. Bringe dann in einem Kochtopf reichlich Salzwasser zum Kochen. Forme mit zwei Löffeln Nockerl aus dem Teig. Tauche die Löffel immer wieder in kochendes Wasser, dann lassen sich die Nockerl leichter formen und kleben nicht fest. Lass die Nockerl 10 Minuten im Wasser ziehen bis sie oben schwimmen, dann sind sie gar.

mixtipp
Meine Kinder lieben die Rahmnockerl zu Gulasch, eigentlich bräuchten sie nur Nockerl mit Sauce!

WALDVIERTLER-KNÖDEL

 4–6 Portionen 13 h 20 Min. mittel

Zubereitungszeit: 50 Minuten
Ruhezeit: 12 Stunden 30 Minuten
Utensilien: Topf
Zutaten für 4–6 Portionen

900 g Erdäpfel, vorwiegend festkochend
1000 g Wasser
5 g Salz
40 g Weichweizengrieß
20 g Stärke
100–200 g Weizenmehl, Type 405

1. Koche 300 g Erdäpfel mitsamt Schale am besten am Vortag. Wasche die Erdäpfel dafür gründlich und verteile sie im Garkörbchen. Befülle den Mixtopf mit 500 g Wasser und 5 g Salz und hänge das Garkörbchen ein. Gare die Erdäpfel 25 Minuten/ Varoma/ Stufe 2. Nimm das Garkörbchen anschließend mithilfe des Spatels aus dem Mixtopf und lass die Erdäpfel in einer separaten Schüssel abkühlen. Leere den Mixtopf.

2. Schäle am nächsten Tag die restlichen 600 g Erdäpfel und schneide sie in Stücke. Zerkleinere die Stücke dann im Mixtopf 5 Sekunden/ Stufe 6. Schiebe die Reste mithilfe des Spatels nach unten und gieße 500 g Wasser hinzu. Lass die Mischung so im Mixtopf 30 Minuten rasten. Setze anschließend das Garkörbchen ein und gieße die Flüssigkeit ab. Nimm das Garkörbchen dann wieder aus dem Mixtopf heraus.

3. Pelle nun die gekochten Erdäpfel vom Vortag und gib sie mit dem Grieß und der Stärke in den Mixtopf. Knete die Zutaten 2 Minuten/ Teigknetstufe. Bringe in der Zwischenzeit reichlich gesalzenes Wasser in einem großen Topf zum Kochen.

4. Gib die Erdäpfelmasse auf eine bemehlte Arbeitsfläche und knete so viel Mehl unter, bis sich die Masse gut formen lässt, aber nicht zu trocken ist. Forme schließlich Knödel in der gewünschten Größe und gib diese direkt in das siedende Wasser. Lass sie 20 Minuten garziehen.

mixtipp
Das Waldviertel ist der nordwestliche Teil des österreichischen Bundeslandes Niederösterreich.

mixtipp

Die Waldviertler-Knödel passen hervorragend zu Schweinebraten.

SCHMANKERL

SCHMANKERL

4–6 Portionen | 30 Min. | mittel

KÄRTNER KASNUDELN

Zubereitungszeit: 30 Minuten
Utensilien: Topf, Pfanne
Zutaten für 4–6 Portionen

2 Zwiebeln, geschält, halbiert

1 Erdapfel, vorwiegend festkochend, sehr weich gekocht, gepellt

100 g Butter, weich, in Stücken

500 g Topfen, 40 % Fett

130 g Brösel

200 g Milch

Salz, nach Belieben

Pfeffer, nach Belieben

1 Packung Nudelteig, z.B. von Bürger

1 Eidotter, Größe M, zum Bestreichen

1. Schäle als Erstes die Zwiebeln und pelle den gekochten Erdapfel. Gib 1 halbierte Zwiebel und 30 g Butter in den Mixtopf und zerkleinere beides 5 Sekunden/ Stufe 5. Schiebe die Reste mithilfe des Spatels nach unten und schwitze die Zwiebelstückchen 5 Minuten/ Varoma/ Stufe 1 an.

2. Gib nun den gepellten Erdapfel, Topfen, Brösel, Milch sowie Salz und Pfeffer nach deinem Geschmack in den Mixtopf und verrühre die Zutaten 2 Minuten/ Teigknetstufe.

3. Rolle den Nudelteig auf einer bemehlten Arbeitsfläche dünn aus und steche mit einem Glas große Kreise aus. Bestreiche die Ränder mit dem Eidotter und setze auf die Mitte jeden Kreises je einen großen Klecks der Erdapfel-Topfen-Füllung. Klappe die Kreise zusammen und verdrehe die Ränder miteinander. Alternativ kannst du die Ränder auch mit einer Gabel festdrücken, wichtig ist, dass sie gut verschlossen sind, damit die Füllung nicht auslaufen kann.

4. Bringe in einem großen Topf Salzwasser zum Kochen und gare die Kasnudeln darin nach Packungsangabe des Nudelteiges. Gieße die Kasnudeln durch das Garkörbchen ab, wenn sie gar sind.

5. Während die Kasnudeln garen, kannst du den Mixtopf reinigen. Anschließend gibst du die übrige Zwiebel in Hälften in den gereinigten Mixtopf und zerkleinerst sie 5 Sekunden/ Stufe 5. Erwärme die restlichen 70 g Butter in einer Pfanne auf dem Herd und schwitze die zerkleinerte Zwiebel darin an. Gib anschließend die gegarten Teigtaschen in die Pfanne und röste sie in der Zwiebelbutter an.

mixtipp
Übriggebliebene Kasnudeln kann man gut einfrieren. Wenn du sie im Backofen auftaust, bekommen sie ein wenig „Crunch" und schmecken total lecker!

SCHMANKERL

4–6 Portionen | 45 Min. | mittel

KRAUTFLECKERLN

Zubereitungszeit: 45 Minuten
Utensilien: Topf
Zutaten für 4–6 Portionen

| 1500 g Weißkraut, gewaschen, in Stücken |
| 375 g Zwiebeln, geschält, halbiert |
| 100 g Öl |
| 150 g Zucker |
| 250 g Gemüsebrühe |
| Salz, nach Belieben |
| Pfeffer, nach Belieben |
| 1 Packung Fleckerl à 500 g, alternativ s. mixtipp |
| 300 g Kochschinkenscheiben, in Würfeln |

1. Wasche das Weißkraut, entferne den Strunk und schneide es mit einem Messer in grobe Stücke. Gib 500 g Weißkrautstücke in den Mixtopf und zerkleinere sie 5 Sekunden/ Stufe 5. Fülle die zerkleinerten Stücke in eine große Schüssel um und stelle sie beiseite. Teile das restliche Weißkraut in zwei Portionen und wiederhole die Einstellung zweimal.

2. Schäle die Zwiebeln und gib sie in Hälften in den Mixtopf, zerkleinere die Hälften 5 Sekunden/ Stufe 5 und stelle sie in einer separaten Schüssel beiseite.

3. Erhitze anschließend Öl und Zucker im Mixtopf 5 Minuten/ Varoma/ Sanftrührstufe. Füge die zerkleinerten Zwiebeln hinzu und dünste sie 5 Minuten/ Varoma/ Sanftrührstufe an. Füge nun auch das beiseite gestellte Weißkraut, Gemüsebrühe sowie Salz und Pfeffer nach Geschmack hinzu und köchele das Weißkraut 30 Minuten/ Varoma/ Sanftrührstufe. Schalte nach etwa 15 Minuten einmal auf Stufe 3 und rühre das Weißkraut mithilfe des Spatels, den du durch die Deckelöffnung steckst und gegen die Mixrichtung bewegst, durch.

4. Gare in der Zwischenzeit die Fleckerl nach Packungsanweisung in einem Topf auf dem Herd und schneide die Kochschinkenscheiben in Würfel. Gieße die Fleckerl schließlich durch den Gareinsatz ab und mische sie mit dem Kochschinken unter das Weißkraut.

mixtipp
Fleckerl sind eine typisch österreichische, quadratische Nudelform. Du kannst sie leicht selbst herstellen oder Bandnudeln entsprechend zerkleinern. Natürlich schmeckt auch jede andere Nudel.

LIEBLINGSREZEPTE AUS DER ÖSTERREICHISCHEN KÜCHE

SCHINKENFLECKERLN

 4–6 Portionen   1 h   mittel

Zubereitungszeit: 15 Minuten
Backzeit: 45 Minuten, 180°C Umluft
Utensilien: Topf, Auflaufform
Zutaten für 4–6 Portionen

1 Packung Fleckerl à 500 g, alternativ s. S. 58 mixtipp
600 g Kochschinken, gewürfelt
100 g Butter, weich, in Stücken
100 g Weizenmehl, Type 405
500 g Milch
9 Eier, Größe M
400 g Sauerrahm
Salz, Pfeffer, Muskat, nach Belieben
Butter für die Form

1. Bringe als Erstes in einem großen Topf auf dem Herd reichlich Salzwasser zum Kochen und gare die Fleckerl darin nach Packungsanleitung. Heize den Backofen auf 180°C Umluft vor und fette eine Auflaufform mit Butter ein. Schneide außerdem den Kochschinken mit einem Messer in Würfel und stelle ihn in einer großen Schüssel beiseite.

2. Gib nun 100 g Butter in den Mixtopf und schmelze sie 2 Minuten/ 80°C/ Sanftrührstufe. Streue dann Mehl darüber und rühre es 2 Minuten/ Varoma/ Sanftrührstufe zu einer Mehlschwitze ein.

3. Gieße nun Milch durch die Deckelöffnung und köchele die Zutaten 4 Minuten/ Varoma/ Stufe 3. Fülle die Sauce zu den Schinkenwürfeln, reinige den Mixtopf gründlich und setze den Schmetterling ein.

4. Trenne die Eier, gib die Eidotter in ein separates Schälchen und die Eiklar in den Mixtopf. Schlage sie 4 Minuten/ Stufe 4 zu Eischnee auf.

5. Verrühre in der Zwischenzeit mithilfe des Spatels die beiseite gestellte Schinken-Saucen-Mischung in der großen Schüssel mit den gegarten Nudeln und den beiseite gestellten Eidottern, dem Sauerrahm sowie Salz, Pfeffer und Muskat nach Geschmack. Hebe schließlich den Eischnee unter. Fülle die Mischung in die gebutterte Auflaufform und backe die Schinkenfleckerln 45 Minuten/ 180°C Umluft.

mixtipp
Statt Kochschinken kannst du auch geselchten Schinken verwenden: denke dann daran, weniger zu salzen.

mixtipp

Die Schinkenfleckerln lassen sich gut vorbereiten. In einer Tarteform gebacken sehen sie sehr dekorativ auf dem Buffet aus.

SCHMANKERL

4 Portionen | 10 Min. | leicht

FASCHIERTE LABERLN

Zubereitungszeit: 10 Minuten
Utensilien: Pfanne
Zutaten für 4 Portionen

1 Zwiebel, geschält, halbiert
4 Scheiben Toastbrot, zerbröselt
20 g Butter
500 g Faschiertes
Salz, nach Belieben
Pfeffer, nach Belieben
1 KL gekörnte Brühe
1 Ei, Größe M
Öl zum Braten

1. Schäle als Erstes die Zwiebel und gib die Hälften mit dem zerbröselten Toastbrot und der Butter in den Mixtopf. Zerkleinere die Zutaten 5 Sekunden/ Stufe 5, schiebe die Stücke mit dem Spatel nach unten und dünste die Mischung anschließend 5 Minuten/ Varoma/ Sanftrührstufe an.

2. Füge Faschiertes, Salz und Pfeffer nach Geschmack sowie gekörnte Brühe und Ei hinzu. Knete die Zutaten 2 Minuten/ Teigknetstufe und forme anschließend mit feuchten Händen Laberln daraus.

3. Erhitze etwas Öl in einer Pfanne auf dem Herd und brate die Laberln von beiden Seiten knusprig.

mixtipp
Viele Gewürzkombis machen aus Faschiertem jedes Mal ein neues Erlebnis: Majoran, Knoblauch, Petersilie, Rosmarin, Paprika, Cayennepfeffer, Curry.

LIEBLINGSREZEPTE AUS DER ÖSTERREICHISCHEN KÜCHE

SCHMANKERL

4–6 Portionen   35 Min.   leicht

GROBER LEBERKÄSE

Zubereitungszeit: **5 Minuten**
Backzeit: **30 Minuten, 180°C Umluft**
Utensilien: Aluform, 1 Liter
Zutaten für 4–6 Portionen

| 1 kleine Zwiebel, geschält, halbiert |
| 3 Knoblauchzehen |
| 1 KL Stärke |
| 1 EL Majoran, getrocknet |
| 5 g Pfefferkörner |
| Muskat, nach Belieben |
| 20 g Salz |
| 400 g Schweinekamm, in Stücken |
| 200 g Rindergulasch |
| 125 g Speck, in Stücken |
| 1 Ei, Größe M |
| 350 g Eiswürfel |
| Öl für die Form |

1. Heize als Erstes den Backofen auf 180°C Umluft vor und öle eine Aluform ein. Du kannst sie ein bisschen auseinanderziehen, dann bekommt der Leberkäse eine ovale Form.

2. Schäle nun die Zwiebel und die Knoblauchzehen und halbiere die Zwiebel. Gib beides mit Stärke, Majoran, Pfefferkörnern, Muskat, falls gewünscht, sowie Salz in den Mixtopf. Zerkleinere die Zutaten 5 Sekunden/ Stufe 10 und schiebe alles mit dem Spatel nach unten.

3. Füge nun Schweinekammstücke, Rindergulasch, Speckstücke, Ei und Eiswürfel hinzu und zerkleinere die Zutaten 3 Minuten/ Stufe 10 mithilfe des Spatels, den du durch die Deckelöffnung entgegen der Mixrichtung bewegst. Vorsicht: Das wird richtig laut! Fülle die Masse in die vorbereitete Kastenform und backe den Leberkäse 30 Minuten/ 180°C Umluft.

mixtipp
Ich nehme gerne Schweinekamm und Rindergulasch, beide lassen sich aber nur zu grobem Leberkäse verarbeiten. Je zarter und magerer das Fleisch, desto feiner der Leberkäs.

LIEBLINGSREZEPTE AUS DER ÖSTERREICHISCHEN KÜCHE

4–6 Portionen | 5 Min. | leicht

LIPTAUER

Zubereitungszeit: 5 Minuten
Zutaten für 4–6 Portionen

- 1 Zwiebel, geschält, halbiert
- 40 g Essiggurken, in groben Stücken
- 20 g Kapern
- 60 g Butter, in Stücken
- 250 g Topfen, 40 % Fett
- 70 g Sauerrahm
- 25 g Senf
- 5 g Paprika, edelsüß
- 5 g Sardellenpaste
- Salz, nach Belieben
- Pfeffer, nach Belieben

1. Schäle als Erstes die Zwiebel und gib die Hälften mit Essiggurken und Kapern in den Mixtopf. Zerkleinere die Zutaten 5 Sekunden/ Stufe 5 und schiebe die Stücke mit dem Spatel nach unten.

2. Füge Butter, Topfen, Sauerrahm, Senf, Paprika, Sardellenpaste sowie Salz und Pfeffer nach Geschmack hinzu. Verrühre die Zutaten 15 Sekunden/ Linkslauf/ Stufe 5.

mixtipp
Der Liptauer eignet sich hervorragend als Brotaufstrich oder als Dip zu Salzstangen. Er lässt sich 3 Tage im Kühlschrank lagern.

MEHLSPEISEN

MEHLSPEISEN

4–6 Portionen | 1 h 20–30 Min. | mittel

DUKATENBUCHTELN

Zubereitungszeit: 10 Minuten
Ruhezeit: 1 Stunde
Backzeit: 10–20 Minuten, 180°C Umluft
Utensilien: Auflaufform
Zutaten für 4–6 Portionen

160 g Butter, weich, in Stücken
125 g Milch
20 g Germ, frisch
400 g Weizenmehl, Type 405
50 g Zucker
2 Eier, Größe M
1 Päckchen Vanillezucker
1 Prise Salz

1. Schmelze als Erstes 100 g Butter im Mixtopf 3 Minuten/ 60°C/ Stufe 2. Stelle sie in einer separaten Schüssel beiseite.

2. Gib dann die restlichen 60 g Butter, die Milch und den zerbröselten Germ in den Mixtopf und rühre die Zutaten 2 Minuten/ 37°C/ Stufe 1.

3. Füge Mehl, Zucker, Eier, Vanillezucker und Salz in den Mixtopf hinzu und knete die Zutaten 2 Minuten/ Teigknetstufe zu einem geschmeidigen Teig. Lass den Teig nun abgedeckt im Mixtopf 1 Stunde rasten.

4. Heize den Backofen auf 180°C Umluft vor. Teile den Teig nach der Ruhezeit auf einer bemehlten Arbeitsfläche in 3 Teile. Forme jedes Teil zu einer Rolle und schneide mit einem Messer jeweils 2 cm große Stücke ab – es entstehen dann kleine Würfel.

5. Tunke die Teiglinge in die beiseite gestellte, geschmolzene Butter und setze sie in eine Auflaufform. Backe die Dukatenbuchteln 10–20 Minuten/ 180°C Umluft.

mixtipp
Serviere die Buchteln mit selbst gemachter Vanillesauce!

LIEBLINGSREZEPTE AUS DER ÖSTERREICHISCHEN KÜCHE

MEHLSPEISEN

4–6 Portionen   25 Min.   leicht

KAISERSCHMARREN

Zubereitungszeit: 15 Minuten
Backzeit: 10 Minuten,
180°C Umluft
Utensilien: Pfanne,
Backblech und -papier
Zutaten für 4–6 Portionen

8 Eier, Größe M
100 g Zucker
1 Prise Salz
240 g Weizenmehl, Type 405
500 g Milch
1 Päckchen Vanillezucker
Öl zum Ausbacken
Staubzucker zum Bestreuen

1. Heize zunächst den Backofen auf 180°C Umluft vor, lege ein Backblech mit Backpapier aus und setze den Schmetterling in den Mixtopf ein. Trenne dann die Eier, stelle die Eidotter in einer separaten Schüssel beiseite und gib Eiklar, Zucker und Salz in den Mixtopf. Schlage die Eiklar 4 Minuten/ Stufe 4 steif, entferne den Schmetterling und fülle den Eischnee anschließend in eine große Schüssel um, die du beiseite stellst.

2. Gib nun die beiseite gestellten Eidotter, Mehl, Milch und Vanillezucker in den Mixtopf und verrühre die Zutaten 4 Minuten/ Stufe 4. Hebe die Masse vorsichtig mithilfe eines Schneebesens unter den beiseite gestellten Eischnee.

3. Erhitze etwas Öl in einer Pfanne – der Pfannenboden soll gerade mal bedeckt sein – und gieße soviel von dem Teig ein, dass die Masse etwa zwei Finger hoch ist. Lass den Teig nun stocken, wende ihn und lass auch die andere Seite stocken. Reiße dann den Schmarren mit zwei Gabeln in Stücke und verteile diese auf dem vorbereiteten Backblech. Verfahre mit dem restlichen Teig genauso.

4. Backe den Kaiserschmarren 10 Minuten/ 180°C Umluft und bestäube ihn mit Staubzucker.

mixtipp
Wenn du magst, gibst du einige Rosinen oder Cranberries auf den Teig, wenn du ihn in die Pfanne gegossen hast.

LIEBLINGSREZEPTE AUS DER ÖSTERREICHISCHEN KÜCHE

RHABARBERKOMPOTT

Zubereitungszeit: 20 Minuten
Zutaten für 4 Portionen

700 g Rhabarber, geschält, in Stücken

200 g Zucker

700 g Wasser

Saft von 1 Zitrone, nach Belieben

1 Zimtstange, nach Belieben

5 Nelken, nach Belieben

Schäle den Rhabarber und schneide ihn in Stücke. Gib die Rhabarberstücke mit Zucker, Wasser, Zitronensaft sowie Zimt und Nelken, wenn du magst, in den Mixtopf und koche 15 Minuten/ 100°C/ Linkslauf/ Sanftrührstufe ein Kompott. Entferne die Zimtstange und die Nelken und lass das Rhabarberkompott abkühlen.

MEHLSPEISEN

10–12 Stück | 30 Min. | leicht

NUSSPALATSCHINKEN

Zubereitungszeit: 30 Minuten
Utensilien: Pfanne
Zutaten für 10–12 Stück

Für den Teig:

9 Eier, Größe M
100 g Zucker
240 g Weizenmehl, Type 405
500 g Milch
1 Prise Salz

Für die Füllung:

250 g Walnüsse, alternativ 80 g Mandeln und 150 g Mohn
50 g Zucker
1 Päckchen Vanillezucker
10 g Honig
125 g Milch
20 g Rum
40 g Rosinen
Öl zum Ausbacken
Staubzucker zum Bestreuen

1. Verrühre für den Teig Eier, Zucker, Mehl, Milch und Salz im Mixtopf 30 Sekunden/ Stufe 6.

2. Erhitze etwas Öl in einer Pfanne auf dem Herd und gib so viel Teig hinein, dass der Boden dünn bedeckt ist. Wende die Palatschinke und backe sie von beiden Seiten goldbraun. Verarbeite den restlichen Teig portionsweise auf die gleiche Art und Weise.

3. Für die Füllung gibst du Walnüsse oder alternativ Mandeln und Mohn in den Mixtopf und zerkleinerst die Zutaten 5 Sekunden/ Stufe 10. Schiebe die Reste mit dem Spatel nach unten. Füge Zucker, Vanillezucker, Honig, Milch und Rum hinzu. Koche die Mischung 10 Minuten/ Varoma/ Linkslauf/ Stufe 1. Füge nach 5 Minuten die Rosinen durch die Deckelöffnung hinzu. Bestreiche die Palatschinken mit der Füllung und rolle sie ein. Bestreue sie mit etwas Staubzucker und serviere sie.

mixtipp
Eine einfache Variante ist eine Füllung mit einer Marmelade deiner Wahl oder Nutella®, auch eine Kugel Eis schmeckt immer lecker dazu.

mixtipp

Rühre zusätzlich 60 g Mehl in den Teig ein und tauche Apfelspalten hinein. Backe sie dann in einer Pfanne mit etwas Öl goldbraun aus.

MEHLSPEISEN

TOPFENPALATSCHINKEN

Zubereitungszeit: 15 Minuten
Backzeit: 35–40 Minuten, 180°C Umluft
Utensilien: Auflaufform
Zutaten für 4 Portionen

250 g Zucker

8 Eier, Größe M

2 Päckchen Vanillezucker

120 g Butter, weich, in Stücken

600 g Topfen, 40 % Fett

625 g Sauerrahm

60 g Rosinen

mixtipp
Wähle eine ausreichend große Auflaufform, denn die Topfenmasse geht beim Backen auf.

1. Bereite den Teig der Nusspalatschinken von Seite 76 ohne Füllung zu.

2. Gib den Zucker in den Mixtopf und pulverisiere ihn 30 Sekunden/ Stufe 10, warte 2 Minuten, bevor du den Deckel öffnest, da es sehr staubt und fülle den Staubzucker in eine separate Schüssel um.

3. Setze den Schmetterling in den Mixtopf ein und trenne 6 Eier, stelle die Eidotter in einer separaten Schüssel beiseite und gib die Eiklar in den Mixtopf. Füge 120 g vom beiseite gestellten Staubzucker und 1 Päckchen Vanillezucker hinzu und verrühre die Zutaten 4 Minuten/ Stufe 3. Entferne den Schmetterling und fülle den Eischnee anschließend in eine separate Schale um. Heize den Backofen auf 180°C Umluft vor.

4. Gib 60 g vom beiseite gestellten Staubzucker und Butterstücke in den Mixtopf. Verrühre beides 30 Sekunden/ Stufe 5. Gib nach 15 Sekunden die beiseite gestellten Eidotter durch die Deckelöffnung dazu. Schiebe die Reste mit dem Spatel nach unten und füge Topfen sowie 375 g Sauerrahm hinzu. Verrühre die Zutaten nochmals 30 Sekunden/ Stufe 5.

5. Rühre nun mithilfe des Spatels den beiseite gestellten Eischnee und Rosinen unter und bestreiche die Palatschinken mit der Masse. Rolle die Palatschinken ein und verteile diese dachziegelförmig in einer großen Auflaufform. Backe die gefüllten Palatschinken im Backofen 15 Minuten/ 180°C Umluft.

6. Gib nun 40 g Staubzucker, die restlichen 2 Eier, das restliche Päckchen Vanillezucker sowie die restlichen 250 g Sauerrahm zu der übrigen Topfenmasse in den Mixtopf und verrühre die Zutaten 30 Sekunden/ Stufe 5. Gieße die Mischung über die Palatschinken und backe sie weitere 20–25 Minuten/ 180°C Umluft. Zum Schluss bestreust du die gebackenen Topfenpalatschinken mit den restlichen 30 g Staubzucker und servierst sie.

MEHLSPEISEN

2 Bleche | 1 h 20–30 Min. | mittel

POLSTERZIPFE

Zubereitungszeit: 10 Minuten
Ruhezeit: 1 Stunde
Backzeit: 10–20 Minuten, 180°C Umluft
Utensilien: Frischhaltefolie, 2 Backbleche und -papier
Zutaten für 2 Backbleche

250 g Topfen, 40 % Fett
250 g Weizenmehl, Type 405
250 g Butter, weich, in Stücken
200 g Marmelade, nach Belieben
1 Ei, Größe M, verquirlt
Staubzucker zum Bestäuben

1. Gib Topfen, Mehl und Butter in den Mixtopf und knete aus den Zutaten 2 Minuten/ Teigknetstufe einen Teig. Forme diesen zu einer Kugel, wickele ihn in Frischhaltefolie und lass ihn 1 Stunde im Kühlschrank rasten.

2. Heize den Backofen auf 180°C Umluft vor und lege 2 Backbleche mit Backpapier aus.

3. Rolle den Teig auf einer bemehlten Arbeitsfläche etwa 2–3 mm dünn aus. Schneide den Teig in Quadrate – entweder wenige Große oder viele Kleine, wie du magst.

4. Verteile 0,5–1 KL Marmelade deiner Wahl auf jedes Teigquadrat. Verquirle das Ei mithilfe einer Gabel und bestreiche zwei Seiten der Quadrate mit etwas verquirltem Ei. Falte diese dann zu einem Dreieck, drücke die Ränder gut zusammen und verteile die gefüllten Dreiecke auf den vorbereiteten Backblechen. Bestreiche das Gebäck mit dem restlichen, verquirlten Ei.

5. Backe die Polsterzipfe 10–20 Minuten/ 180°C Umluft goldgelb. Bestäube sie mit etwas Staubzucker und serviere sie als Nachtisch.

mixtipp
Ihren Namen haben die Polsterzipfe bekommen, weil sie aussehen wie die Ecken von Sofakissen.

MEHLSPEISEN

4–6 Portionen | 20 Min. | mittel

SALZBURGER NOCKERL

Zubereitungszeit: 10 Minuten
Backzeit: 10 Minuten, 180°C Umluft
Utensilien: Backblech und -papier
Zutaten für 4–6 Portionen

| 7 Eiklar, Größe M |
| 1 Prise Salz |
| 100 g Zucker |
| 1 Päckchen Vanillezucker |
| 20 g Weizenmehl, Type 405 |
| 2 Eidotter, Größe M |
| Staubzucker zum Bestreuen |

1. Heize als Erstes den Backofen auf 180°C Umluft vor und lege ein Backblech mit Backpapier aus.

2. Setze dann den Schmetterling in den Mixtopf ein und schlage die Eiklar mit dem Salz 4 Minuten/ Stufe 4 steif. Lass währenddessen Zucker und Vanillezucker durch die Deckelöffnung einrieseln. Fülle den Eischnee in eine große Schüssel um.

3. Hebe nun mithilfe eines Schneebesens Mehl und Eidotter vorsichtig unter den Eischnee.

4. Forme schließlich mit einem Löffel kleine Nockerln aus dem Teig und setze diese auf das vorbereitete Backblech. Backe die Nockerln 10 Minuten/ 180°C Umluft und bestreue sie mit Staubzucker.

mixtipp
Mit den Salzburger Nockerln ist das so eine Sache, denn sie fallen schnell zusammen.

ZUM KAFFEE

ZUM KAFFEE

16 Stück | 1 h 45 Min. | mittel

TOPFENKNÖDEL

Zubereitungszeit: 45 Minuten
Ruhezeit: 1 Stunde
Utensilien: Pfanne
Zutaten für 16 Stück

135 g Butter, weich, in Stücken + zum Einfetten
2 Prisen Salz
2 Eier, Größe M
500 g Topfen, 40 % Fett
250 g Weizenmehl, Type 405
16 Erdbeeren
1000 g Wasser
200 g Brösel
200 g Zucker

1. Gib als Erstes 75 g Butter sowie Salz in den Mixtopf und verrühre beides 5 Sekunden/ Stufe 6 miteinander. Schiebe die Masse mit dem Spatel nach unten und füge die Eier hinzu. Vermische die Zutaten 5 Sekunden/ Stufe 6. Schiebe erneut alles mit dem Spatel nach unten.

2. Gib nun Topfen und Mehl in den Mixtopf hinzu und knete die Zutaten 2 Minuten/ Teigknetstufe. Fülle den Teig in eine Schüssel um und lass ihn abgedeckt 1 Stunde rasten. Reinige den Mixtopf und buttere den Varoma sowie den Einlegeboden aus. Wasche und entstiele die Erdbeeren, halbiere besonders große Erdbeeren.

3. Knete den Teig nach der Ruhezeit auf einer bemehlten Arbeitsfläche geschmeidig und forme ihn zu einer Rolle. Teile die Rolle gleichmäßig in 16 Stücke. Jedes Teigstück drückst du nun etwas flach und umhüllst eine Erdbeere damit. Verteile die gefüllten Topfenknödel im vorbereiten Varoma und auf dem Einlegeboden. Achte dabei darauf, dass genügend Schlitze frei bleiben, damit der Dampf ungehindert zirkulieren kann.

4. Gieße das Wasser in den Mixtopf und verschließe ihn mit dem Deckel, aber ohne den Messbecher aufzusetzen. Positioniere den geschlossenen Varoma und stelle sicher, dass alles richtig sitzt, damit kein Dampf unkontrolliert entweichen kann. Dämpfe die Topfenknödel 30 Minuten/ Varoma/ Stufe 1.

5. In der Zwischenzeit erhitzt du die restlichen 60 g Butter in einer Pfanne auf dem Herd und gibst Brösel und Zucker hinein. Karamellisiere die Brösel, bis sie goldbraun sind, und bestreue die fertigen Knödel damit.

mixtipp
Die Brösel-Zucker-Mischung lässt sich gut bevorraten. Falls der karamellisierte Zucker zu größeren Stücken wird, pulverisiere ihn einfach einige Sekunden im Mixtopf.

mixtipp

Du kannst die Topfenknödel auch mit anderen Früchten füllen. Probiere einmal Marillen oder Zwetschken aus und lege ein Stück Würfelzucker anstelle des Obstkerns hinein.

ZUM KAFFEE

1 Strudel | 2 h 15 Min. | schwer

APFELSTRUDEL

Zubereitungszeit: 20 Minuten
Ruhezeit: 1 Stunde 10 Minuten
Backzeit: 45 Minuten,
180°C Umluft
Utensilien: Backblech
und -papier
Zutaten für 1 Strudel

100 g Margarine, geschmolzen
230 g Weizenmehl, Type 405
100 g Wasser
1 EL Öl
1 Prise Salz
750 g Äpfel, geschält, entkernt, in Stücken, z.B. Boskoop
150 g Brösel
150 g Zucker
1 Päckchen Vanillezucker
1 KL Zimt
80 g Rosinen
2 EL Rum

1. Gib als Erstes die Margarine in den Mixtopf und lass sie 3 Minuten/ 60°C/ Stufe 2 schmelzen. Fülle die geschmolzene Margarine in eine separate Schüssel um und stelle sie beiseite.

2. Gib dann Mehl, Wasser, Öl und Salz in den Mixtopf und knete die Zutaten 2 Minuten/ Teigknetstufe zu einem Teig. Fülle den Teig in eine separate Schüssel um, bestreiche ihn mit 10 g geschmolzener Margarine und lass den Teig anschließend 1 Stunde rasten.

3. Für die Füllung schälst und entkernst du die Äpfel und schneidest sie in grobe Stücke. Gib die Apfelstücke gemeinsam mit Bröseln, Zucker und Vanillezucker, Zimt, Rosinen und Rum in den Mixtopf und vermische die Zutaten 4 Sekunden/ Stufe 6 mit Hilfe des Spatels.

4. Nach der Ruhezeit rollst du den Teig auf einer bemehlten Arbeitsfläche dünn aus und bestreichst ihn mit 80 g der beiseite gestellten Margarine. Lass ihn nun für weitere 10 Minuten rasten. Lege ein Backblech mit Backpapier aus und heize den Backofen auf 180°C Umluft vor.

5. Gehe schließlich mit den Handrücken vorsichtig unter den gerasteten Teig und ziehe ihn behutsam dünn aus. Verteile die Apfelfüllung auf dem ausgezogenen Teig und rolle ihn auf. Bestreiche die Teigrolle mit den restlichen 10 g geschmolzener Margarine und lege sie auf das Backblech. Backe den Apfelstrudel 45 Minuten/ 180°C Umluft im Ofen.

mixtipp

Der Klassiker: Apfelstrudel noch heiß serviert mit einer Kugel Vanilleeis, die langsam schmilzt – köstlich!

LIEBLINGSREZEPTE AUS DER ÖSTERREICHISCHEN KÜCHE

mixtipp

Aromatisiere die Füllung auch mal zusätzlich mit einer Prise gemahlenem Muskat – das hat was!

ZUM KAFFEE

1 Strudel | 2 h 10 Min. | schwer

MILCHRAHMSTRUDEL

Zubereitungszeit: 20 Minuten
Ruhezeit: 1 Stunde 10 Minuten
Backzeit: 40 Minuten,
180°C Umluft
Utensilien: Auflaufform
Zutaten für 1 Strudel

100 g Margarine, geschmolzen
270 g Weizenmehl, Type 405
100 g Wasser
1 EL Öl
1 Prise Salz
150 g Zucker
7 Eier, Größe M
2 Päckchen Vanillezucker
100 g Butter, weich, in Stücken
400 g Topfen, 40 % Fett
250 g Sauerrahm
250 g Milch
Butter für die Form

mixtipp
Wenn du Rosinen magst, kannst du 100 g Rosinen unter Schritt 6 auf die Füllung streuen!

1. Gib als Erstes die Margarine in den Mixtopf und lass sie 3 Minuten/ 60°C/ Stufe 2 schmelzen. Fülle die geschmolzene Margarine in eine separate Schüssel um und stelle sie beiseite.

2. Gib dann 230 g Mehl, Wasser, Öl und Salz in den Mixtopf und knete die Zutaten 2 Minuten/ Teigknetstufe zu einem Teig. Fülle den Teig in eine separate Schüssel um, bestreiche ihn mit 10 g geschmolzener Margarine und lass den Teig anschließend 1 Stunde rasten. Reinige den Mixtopf, er muss vollständig trocken sein.

3. Pulverisiere nun 50 g Zucker 30 Sekunden/ Stufe 10, warte 2 Minuten, bevor du den Deckel öffnest, da der Zucker sehr staubt. Fülle ihn dann in eine separate Schüssel um und stelle ihn beiseite.

4. Nach der Ruhezeit rollst du den Teig auf einer bemehlten Arbeitsfläche dünn aus und bestreichst ihn mit 80 g der beiseite gestellten Margarine. Lass ihn nun für weitere 10 Minuten rasten. Fette in dieser Zeit eine Auflaufform, heize den Backofen auf 180°C Umluft vor und bereite die Füllung zu.

5. Setze dafür den Schmetterling in den Mixtopf ein und trenne vier Eier. Stelle die Eidotter in einer separaten Schüssel beiseite und fülle die Eiklar, die restlichen 100 g Zucker und 1 Päckchen Vanillezucker in den Mixtopf. Schlage die Zutaten 4 Minuten/ Stufe 4 steif. Anschließend fügst du die weichen Butterstückchen und die beiseite gestellten Eidotter hinzu und verrührst die Zutaten 2 Minuten/ Stufe 4. Füge Topfen, Sauerrahm und die restlichen 40 g Mehl in den Mixtopf hinzu und vermenge die Mischung 2 Minuten/ Stufe 4.

6. Gehe schließlich mit den Handrücken vorsichtig unter den gerasteten Teig und ziehe ihn behutsam

dünn aus. Entferne den Schmetterling aus dem Mixtopf und streiche die Füllung auf das erste Drittel des ausgezogenen Teigs, rolle diesen ein und lege ihn in die gefettete Auflaufform. Backe den Strudel 20 Minuten/ 180°C Umluft. Reinige den Mixtopf.

7. Gib die restlichen 3 Eier, das restliche Päckchen Vanillezucker, 20 g beiseite gestellten Staubzucker und die Milch in den Mixtopf. Vermische die Zutaten 15 Sekunden/ Stufe 3 und begieße den Strudel nach der Backzeit damit. Backe ihn dann weitere 20 Minuten/ 180°C Umluft fertig und bestreue ihn mit den restlichen 30 g Staubzucker.

ZUM KAFFEE

1 Strudel | 1 h 50 Min. | schwer

MOHNSTRUDEL

Zubereitungszeit: 15 Minuten
Ruhezeit: 1 Stunde
Backzeit: 35 Minuten,
180°C Umluft
Utensilien: Backblech und -papier
Zutaten für 1 Strudel

20 g Germ, frisch
125 g Butter, weich, in Stücken
250 g Milch
130 g Zucker
350 g Weizenmehl, Type 405
2 Eier, Größe M
1 Prise Salz
200 g Mohn
2 Päckchen Vanillezucker
10 g Rum

1. Als Erstes bröselst du den Germ in den Mixtopf und löst ihn mit 75 g Butter und 100 g Milch 2 Minuten/ 37°C/ Stufe 1 auf.

2. Füge dann 50 g Zucker, Mehl, Eier und Salz dazu und verrühre die Zutaten 2 Minuten/ Teigknetstufe. Fülle den Teig anschließend in eine separate Schüssel um und lass ihn zugedeckt an einem warmen Ort 1 Stunde rasten.

3. Mahle in der Zwischenzeit den Mohn mit den restlichen 80 g Zucker im Mixtopf 30 Sekunden/ Stufe 10. Füge die restlichen 50 g Butter, die restlichen 150 g Milch, Vanillezucker und Rum hinzu. Koche nun die Zutaten 10 Minuten/ Varoma/ Linkslauf/ Stufe 1. Lege ein Backblech mit Backpapier aus und heize den Backofen auf 180°C Umluft vor.

4. Rolle den Teig nach der Ruhezeit auf einer bemehlten Arbeitsfläche 0,5 cm dick aus und bestreiche ihn mit der Mohnmasse. Rolle den bestrichenen Teig dann längs ein und backe ihn im vorgeheizten Backofen 35 Minuten/ 180°C Umluft.

mixtipp Für einen Nussstrudel ersetzt du den Mohn durch die gleiche Menge Haselnüsse oder Walnüsse.

ZUM KAFFEE

12–15 Stück | 1 h 40 Min. | mittel

CREMESCHNITTE

Zubereitungszeit: 10 Minuten
Ruhezeit: 1 Stunde 10 Minuten
Backzeit: 20 Minuten, 180°C Umluft
Utensilien: Backblech und -papier
Zutaten für 12–15 Stück

2 Packungen Blätterteig, z.B. Tante Fanny
160 g Zucker
6 Blatt Gelatine
600 g Schlagobers
2 Eier, Größe M
1 Päckchen Vanillezucker
Saft einer halben Zitrone

mixtipp
Du kannst auf der Füllung 200 g rote Ribiseln oder kleingeschnittene Erdbeeren verteilen und den Guss mit etwas Lebensmittelfarbe rot einfärben.

1. Lege zunächst ein Backblech mit Backpapier aus. Lege dann beide Rollen Blätterteig übereinander und rolle sie auf Backblechgröße aus. Backe den Blätterteig 20 Minuten/ 180°C Umluft. Schneide die Blätterteigplatte nach dem Auskühlen horizontal in zwei Hälften und teile die obere Hälfte in die gewünschte Anzahl Stücke auf. Schneide die Ränder dabei ab.

2. Gib 100 g Zucker in den Mixtopf und pulverisiere ihn 30 Sekunden/ Stufe 10. Warte 2 Minuten, bevor du den Deckel öffnest, da es sehr staubt. Fülle den Zucker in eine separate Schüssel um und stelle ihn beiseite. Weiche die Gelatine nach Packungsanweisung in einer Schüssel mit kaltem Wasser ein.

3. Setze den Schmetterling in den Mixtopf ein und schlage das Schlagobers unter Beobachtung/ Stufe 4 auf. Fülle das steife Schlagobers in eine separate Schüssel um und stelle es bis zur Weiterverarbeitung kalt.

4. Gib nun die restlichen 60 g Zucker, Eier und Vanillezucker in den Mixtopf, verrühre die Zutaten 2 Minuten/ 40°C/ Stufe 4 und schließlich weitere 2 Minuten/ Stufe 4 ohne Temperatur.

5. Drücke die eingeweichte Gelatine aus und gib sie zur Zucker-Ei-Masse in den Mixtopf. Verrühre die Zutaten 1 Minute/ Stufe 2, bis sich die Gelatine aufgelöst hat. Wenn die Masse vollständig abgekühlt ist und beginnt fest zu werden, kannst du das Schlagobers mithilfe des Spatels unterheben. Stelle den Mixtopf dann für 10 Minuten in den Kühlschrank. Verteile die Füllung schließlich auf der unteren Hälfte des Blätterteigs und setze die vorgeschnittenen Blätterteigstücke darauf.

6. Verrühre den beiseite gestellten Staubzucker mit dem Zitronensaft und verteile den Guss auf den Cremeschnitten. Lass sie anschließend 1 Stunde im Kühlschrank vollständig fest werden.

ZUM KAFFEE

9–16 Stück | 35 Min. | leicht

TOPFENGOLATSCHEN

Zubereitungszeit: 5 Minuten
Backzeit: 30 Minuten, 180°C Umluft
Utensilien: Backblech und -papier
Zutaten für 9–16 Stück

| 50 g Zucker |
| 25 g Butter |
| 10 g Vanillepuddingpulver |
| 125 g Topfen, 40 % Fett |
| 1 Päckchen Vanillezucker |
| 1 Prise Salz |
| 2 Packungen Blätterteig, z.B. Tante Fanny |
| 100 g Rosinen, nach Belieben |

1. Heize zunächst den Backofen auf 180°C Umluft vor und lege ein Backblech mit Backpapier aus.

2. Pulverisiere dann den Zucker im Mixtopf 30 Sekunden/ Stufe 10 und warte 2 Minuten, bevor du den Deckel öffnest, da der Zucker sehr staubt.

3. Gib jetzt Butter, Puddingpulver, Topfen, Vanillezucker und Salz dazu und verrühre die Zutaten 15 Sekunden/ Stufe 3.

4. Rolle den Blätterteig aus und schneide ihn in Quadrate, wähle die Größe je nach Belieben – ich teile ihn in 9–16 Stück. Verteile die Füllung jeweils auf die Mitte der Quadrate, bestreue sie nach Belieben mit Rosinen und schlage die Ecken übereinander.

5. Gib die Golatschen auf das vorbereitete Blech und backe sie ca. 30 Minuten/ 180°C Umluft.

mixtipp
Die Backzeiten von Blätterteig können bei verschiedenen Backöfen immer anders ausfallen. Daher solltest du nach 15 Minuten das erste Mal „gucken"!

 **ZUM KAFFEE**

 1 Guglhupf   65 Min.   leicht

SCHLAGOBERS-GUGLHUPF

Zubereitungszeit: 15 Minuten
Backzeit: 50 Minuten, 180°C Umluft
Utensilien: Guglhupfform, Ø 24 cm
Zutaten für 1 Guglhupf

250 g Zucker
5 Eier, Größe M
1 Prise Salz
500 g Schlagobers
250 g Weizenmehl, Type 405
1 Päckchen Vanillezucker
1 Päckchen Backpulver
100 g Haselnussglasur
Schokotropfen zum Dekorieren
Butter, Mehl für die Form

1. Als Erstes heizt du den Backofen auf 180°C Umluft vor. Fette eine Guglhupfform ein und streue sie mit Mehl aus.

2. Nun pulverisierst du den Zucker im Mixtopf 30 Sekunden/ Stufe 10. Warte 2 Minuten, bevor du den Deckel öffnest, da es sehr staubt. Fülle den Staubzucker dann in eine große Schüssel um und stelle ihn beiseite.

3. Trenne dann die Eier und stelle die Eidotter in einem Schälchen beiseite. Setze den Schmetterling ein und schlage die Eiklar mit dem Salz 4 Minuten/ Stufe 4 steif. Entferne den Schmetterling und fülle den Eischnee zum Staubzucker. Reinige den Mixtopf gründlich und setze den Schmetterling ein.

4. Schlage das Schlagobers unter Beobachtung auf Stufe 3 auf. Schlage es erst 1 Minute und gehe dann im 10 Sekunden-Takt vor, bis das Schlagobers fest aber noch ein wenig cremig ist.

5. Entferne den Schmetterling und gib nun die beiseite gestellten Eidotter, Mehl, Vanillezucker und Backpulver zum Schlagobers und vermenge die Zutaten 1 Minute/ Teigknetstufe. Fülle die Masse anschließend zur Eischnee-Staubzucker-Mischung und hebe sie mit einem Schneebesen vorsichtig unter.

6. Verteile den Teig in der vorbereiteten Guglhupfform und backe ihn 50 Minuten/ 180°C Umluft.

7. Stürze den Guglhupf aus der Form und lass ihn auf einem Kuchengitter etwas auskühlen. Erwärme die Haselnussglasur im Wasserbad, glasiere den Guglhupf damit und dekoriere mit einigen Schokotropfen. Am nächsten Tag schmeckt er am besten!

mixtipp
Dieser Kuchen ist eine Kindheitserinnerung. Meine Mama hat mir das Rezept weitergegeben und ich habe die Glasur hinzugefügt. So bleibt der Guglhupf länger frisch.

LIEBLINGSREZEPTE AUS DER ÖSTERREICHISCHEN KÜCHE

 ZUM KAFFEE

 1 Torte   2 h 30 Min.   mittel

SACHERTORTE

Zubereitungszeit:
1 Stunde 30 Minuten
Backzeit: 1 Stunde,
180°C Umluft
Utensilien: Springform, Ø 28 cm
Zutaten für 1 Torte

520 g Zucker
380 g Kochschokolade, in Stücken
6 Eier, Größe M
1 Prise Salz
130 g Butter, weich, in Stücken
130 g Weizenmehl, Type 405
1 KL Backpulver
120 g Wasser
400 g Aprikosenmarmelade
Butter für die Form

1. Als Erstes heizt du den Backofen auf 180°C Umluft vor und fettest eine Springform ein.

2. Nun pulverisierst du 410 g Zucker im Mixtopf 30 Sekunden/ Stufe 10. Warte 2 Minuten, bevor du den Deckel öffnest, da es sehr staubt. Fülle den Staubzucker in ein separates Schälchen um und stelle ihn beiseite.

3. Zerkleinere nun 130 g Schokoladenstücke 15 Sekunden/ Stufe 10 im Mixtopf und schmelze sie 5 Minuten/ 50°C/ Stufe 2. Fülle die geschmolzene Schokolade in ein separates Schälchen um und stelle sie beiseite. Reinige den Mixtopf anschließend gründlich, spüle ihn mit kaltem Wasser aus und setze den Schmetterling ein.

4. Trenne jetzt die Eier und stelle die Eidotter in einem separaten Schälchen beiseite. Gib die Eiklar in den Mixtopf und schlage sie mit den restlichen 110 g Zucker und dem Salz 4 Minuten/ Stufe 4 auf. Entferne danach den Schmetterling und fülle den Eischnee in eine große Schüssel um.

5. Gib nun 110 g vom beiseite gestellten Staubzucker, die geschmolzene Schokolade sowie die beiseite gestellten Eidotter und die Butter in den Mixtopf und verrühre die Zutaten 30 Sekunden/ Stufe 3 miteinander. Schiebe alles mit dem Spatel nach unten, füge Mehl und Backpulver hinzu und vermenge den Teig 30 Sekunden/ Stufe 3. Fülle die Masse zum Eischnee und hebe beides mithilfe eines Schneebesens vorsichtig untereinander.

6. Verteile den Teig in der vorbereiteten Springform und backe ihn 1 Stunde/ 180°C Umluft. Mache die Stäbchenprobe: Wenn kein Teig mehr am Holzstäbchen hängen bleibt, ist er fertig gebacken. Lass die Torte auf einem Kuchengitter vollständig auskühlen. Anschließend schneidest du sie einmal waagrecht mit einem langen, scharfen Messer durch, sodass du zwei gleichhohe Böden erhältst.

mixtipp

Du kannst den Tortenboden auch mithilfe eines kräftigen Bindfadens teilen. Lege ihn horizontal um die Torte und ziehe ihn über Kreuz durch den Boden. Wenn du dann noch Krümel und überstehenden Teig entfernst, bekommst du eine besonders elegante Torte.

LIEBLINGSREZEPTE AUS DER ÖSTERREICHISCHEN KÜCHE

mixtipp

Für eine makellose Glasur kannst du die erhitzte Marmelade noch durch ein feines Sieb streichen. Wenn du die warme Schokolade einfach über die aprikotierte Torte laufen lässt, wird die Glasur spiegelglatt und hat keinerlei Makel.

7. Nun erhitzt du die Aprikosenmarmelade im Mixtopf 3 Minuten/ 60°C/ Stufe 3 und verteilst die Hälfte davon auf dem unteren Tortenboden. Setze den zweiten Boden darauf und verstreiche die restliche Marmelade auf dem kompletten Kuchen.

8. Gib die restlichen 300 g Staubzucker, die restlichen 250 g Schokoladenstücke und das Wasser in den Mixtopf und lass die Zutaten 30 Minuten/ 100°C/ Stufe 2 köcheln. Danach rührst du die Schokoladenmischung weitere 30 Minuten/ Stufe 2 ohne Temperatureinstellung. Gieße die warme Schokoladenglasur über die Torte und lass sie bei Raumtemperatur abkühlen.

ZUM KAFFEE

1 Torte | 1 h | mittel

LINZER TORTE

Zubereitungszeit: 10 Minuten
Backzeit: 50 Minuten,
180°C Umluft
Utensilien: Springform,
Ø 28 cm, Spritzbeutel
Zutaten für 1 Torte

300 g Zucker
150 g Haselnüsse
240 g Butter, weich, in Stücken
1 Päckchen Vanillezucker
1 Prise Salz
6 Eier, Größe M
200 g Weizenmehl, Type 405
200 g Brösel
300 g Ribiselmarmelade, rot oder schwarz, nach Belieben
Butter für die Form

mixtipp
Stelle den Spritzbeutel am besten in ein schmales, hohes Gefäß, dann kann nichts auslaufen und er lässt sich leichter befüllen!

1. Als Erstes heizt du den Backofen auf 180°C Umluft vor und fettest eine Springform ein.

2. Pulverisiere dann den Zucker im Mixtopf 30 Sekunden/ Stufe 10. Warte 2 Minuten, bevor du den Deckel öffnest, da es sehr staubt, und fülle den Staubzucker in eine separate Schüssel um.

3. Als Nächstes zerkleinerst du die Haselnüsse im Mixtopf 10 Sekunden/ Stufe 10 und stellst sie in einer separaten Schüssel beiseite.

4. Gib den beiseite gestellten Staubzucker, Butter, Vanillezucker und Salz in den Mixtopf und verrühre die Zutaten 30 Sekunden/ Stufe 5. Schiebe die Reste mit dem Spatel nach unten und rühre weiter 1 Minute/ Stufe 5. Gib währenddessen die Eier einzeln durch die Deckelöffnung hinzu.

5. Schiebe die Reste mithilfe des Spatels nach unten und füge die beiseite gestellten Haselnüsse, Mehl und Brösel in den Mixtopf hinzu. Verrühre die Zutaten 30 Sekunden/ Stufe 5. Schiebe dann die Reste mithilfe des Spatels nach unten und wiederhole die Einstellung.

6. Verteile die Hälfte des Teiges gleichmäßig in der vorbereiteten Springform und fülle die andere Hälfte in einen Spritzbeutel um. Reinige den Mixtopf.

7. Gib die Marmelade in den Mixtopf und verflüssige sie 4 Minuten / 60°C/ Stufe 3. Verteile dann die flüssige Ribiselmarmelade auf dem vorbereiteten Boden und spritze die restliche Teigmasse gitterförmig auf die Marmeladenschicht. Backe die Torte 50 Minuten/ 180°C Umluft, sollte sie zu dunkel werden, decke sie mit Alufolie ab.

LIEBLINGSREZEPTE AUS DER ÖSTERREICHISCHEN KÜCHE

mixtipp

Die Linzer Torte kann manchmal etwas trocken sein, deshalb servierst du sie am besten mit einem Klecks Schlagobers!

ZUM KAFFEE

2 Bleche | 60–65 Min. | mittel

LINZER AUGEN

Zubereitungszeit: 20 Minuten
Ruhezeit: 30 Minuten
Backzeit: 10–15 Minuten, 180°C Umluft
Utensilien: Frischhaltefolie, 2 Backbleche und -papier
Zutaten für 2 Bleche

100 g Zucker
200 g Butter, kalt, in Stücken
300 g Weizenmehl, Type 405
1 Ei, Größe M
1 Päckchen Vanillezucker
200 g Marmelade, nach Belieben
Mehl zum Ausrollen

1. Pulverisiere als Erstes den Zucker im Mixtopf 30 Sekunden/ Stufe 10. Warte 2 Minuten, bevor du den Deckel öffnest, da es sehr staubt.

2. Füge Butter, Mehl, Ei und Vanillezucker in den Mixtopf hinzu und knete aus den Zutaten 2 Minuten/ Teigknetstufe einen Mürbeteig. Forme aus dem Teig eine Kugel, wickele diese in Frischhaltefolie und lass sie 30 Minuten im Kühlschrank rasten.

3. Heize den Backofen auf 180°C Umluft vor und lege zwei Backbleche mit Backpapier aus.

4. Rolle nun den Teig auf einer bemehlten Arbeitsfläche etwa 3–5 mm dick aus und steche ihn mit einem Glas aus. In die Hälfte der Formen stichst du mittig Löcher, das werden dann die Oberteile der Linzer Augen.

5. Verteile die Unterteile auf den vorbereiteten Backblechen, bestreiche sie großzügig mit der Marmelade deiner Wahl und setze die Oberteile vorsichtig darauf. Backe sie 10–15 Minuten/ 180°C Umluft im Backofen.

mixtipp
Die beiden Plätzchenhälften können auch einzeln gebacken und erst danach gefüllt werden – so läuft einem die Füllung nicht weg!

2 Bleche | 1 h 30–40 Min. | mittel

VANILLEKIPFERL

Zubereitungszeit: 20 Minuten
Ruhezeit: 1 Stunde
Backzeit: 10–20 Minuten, 180°C Umluft
Utensilien: Frischhaltefolie, 2 Backbleche und -papier
Zutaten für 2 Bleche

250 g Zucker

70 g Walnüsse, Haselnüsse oder Mandeln, ganz, nach Belieben

170 g Butter, kalt, in Stücken

270 g Weizenmehl, Type 405

3 Päckchen Vanillezucker

Mehl zum Ausrollen

1. Als Erstes pulverisierst du den Zucker im Mixtopf 30 Sekunden/ Stufe 10. Warte 2 Minuten, bevor du den Deckel öffnest, da es sehr staubt, und fülle ihn in eine separate Schüssel um.

2. Zerkleinere nun die Nüsse deiner Wahl im Mixtopf 15 Sekunden/ Stufe 10. Gib 50 g beiseite gestellten Staubzucker, Butter und Mehl dazu und verknete die Zutaten 2 Minuten/ Teigknetstufe. Forme den Teig zu einer Kugel, wickele diese in Frischhaltefolie und lass sie 1 Stunde im Kühlschrank rasten.

3. Heize den Backofen auf 180°C Umluft vor und lege 2 Backbleche mit Backpapier aus. Forme den Teig auf einer bemehlten Arbeitsfläche zu einer dünnen Rolle, schneide sie mit dem Messer je nach Rollendicke in 0,5–1 cm dicke Stücke und forme diese Stücke dann zu Kipferln.

4. Verteile die Kipferl auf den vorbereiteten Backblechen und backe sie 10–20 Minuten/ 180°C Umluft. Behalte die Kipferl immer im Auge, damit sie nicht zu dunkel werden.

5. Mische die restlichen 200 g Staubzucker mit dem Vanillezucker auf einem Teller und wälze die noch warmen Kipferln vorsichtig darin.

mixtipp
Der Teig kann auch ausgerollt und ausgestochen werden. Oder du streichst ihn in eine dieser schicken Silikonformen für Kipferl. Aber handgeformte Kipferl haben einen ganz besonderen Charme.

mixtipp

MIXT DU SCHON?

Du bist ein Fan des Thermomix®?

Du hast kreative Ideen, die du gerne mit deinem Thermomix® umsetzt?

Du möchtest immer wieder neue Rezepte mit deinem Thermomix® ausprobieren?

Dann suchen wir dich!

Ob internationale Küche, feine Backideen oder saisonale Rezepte, von der Haute Cuisine bis zur Hausmannskost, vom Lieblingsessen für die Kleinen bis zu raffinierten Spezialitäten für die große Party – wir suchen innovative Ideen fürs Kochen mit dem Thermomix®!

Wenn du Lust hast, ein Kochbuch mit uns zu machen, Rezepte für eins unserer nächsten Thermomix®-Bücher aus deiner persönlichen Sammlung beizusteuern oder deine Tipps und Tricks mit anderen Thermomix®-Fans teilen willst, melde dich bei uns:

Edition Lempertz, Team mixtipp, Hauptstr. 354, 53639 Königswinter
Tel.: 02223 / 900036, Fax: 02223 / 900038
info@edition-lempertz.de, www.edition-lempertz.de

LEMPERTZ

mixtipp

WEITERE TITEL AUS DIESER REIHE
auch als e-book erhältlich

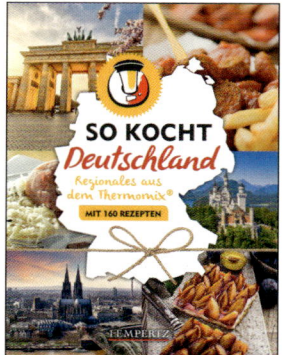

So kocht Deutschland

336 Seiten, Format: 20 x 25,5 cm,
Hardcover, durchgehend farbig bebildert
ISBN: 978-3-96058-115-4, **19,99 €**

Mach dich mit uns auf eine kulinarische Reise: Von der Schleswig-Holsteiner Krabbensuppe über saarländische Mehlknepp und sächsische Quarkkeulchen bis zur Prinzregententorte Bayerns findest du jeweils 10 typische Rezepte für alle 16 Bundesländer. Schlemme dich auch ohne Reisekoffer durch Deutschland, denn mit dem Thermomix® zauberst du dir die regionale Küche ganz einfach auf den heimischen Esstisch! Neben vielen Leibspeisen findest du auch wunderschöne Bi der aus den Regionen und eine kurze Einleitung zu jedem Bundesland. Wie immer gilt beim Team mixtipp: Alle Rezepte sind sowohl mit dem TM 5 als auch mit dem TM 31 zuzubereiten.

Die besten Menüs

3 Bücher im Schuber, 336 Seiten, Format: 18 x 25 cm,
Hardcover, durchgehend farbig bebildert
ISBN: 978-3-96058-115-4, **19,99 €**

Ein perfektes Menü für jeden Anlass: Da kann einem schon einmal der Kopf qualmen. Doch keine Sorge, das Team mixtipp war fleißig und hat sich etwas einfallen lassen: Mit unserer Rezeptauswahl im praktischen Schuber hast du alle Ideen für ein leckeres 3-Gänge-Menü direkt zur Hand. Nur die besten Vorspeisen wie Suppen, Salate, appetitanregende Snacks, Dips & Aufstriche haben es in das Vorspeisenbuch geschafft. Und auch die Rezeptsammlung zum Thema Hauptgerichte überzeugt mit einer Auswahl von Fisch-, Fleisch- und vegetarischen Gerichten. Den Höhepunkt jedes Menüs bildet zweifellos das Dessert. Hier kannst du als Gastgeber mit Gebäck und Torten, Puddings und Cremes, süßen Teilchen oder an heißen Sommertagen mit Eis, Getränken und Smoothies glänzen.

Lieblings-Backrezepte

200 Seiten, Format: 17 x 24 cm,
Hardcover, durchgehend farbig bebildert
ISBN: 978-3-8289-2863-3, **9,99 €**

In mehr als 30 mixtipp-Bänden ist mittlerweile eine beträchtliche Palette aus schmackhaftem Backwerk zusammengekommen – und das Beste aus allen bisher erschienen Werken kommt hier praktisch zusammengefasst in einem Buch auf den Tisch! Für alle Jahreszeiten und Gelegenheiten wirst du in dem großen Rezeptfundus deine Lieblingsgebäckstücke entdecken. Reserviere diesem schmucken Backbuch schon jetzt ein ganz besonderes Plätzchen in deinem Küchenschrank! Ob du nun in deiner Küche einen TM 5 oder einen TM 31 stehen hast, ist ganz gleich, denn alle unsere Rezepte lassen sich wie immer problemlos mit be den Geräten zubereiten.

LEMPERTZ

mixtipp

WEITERE TITEL AUS DIESER REIHE

AUCH ALS E-BOOK ERHÄLTLICH

MIXtipp:
Bayrische Schmankerl
112 Seiten,
Format: 17 x 24 cm,
Klappenbroschur,
durchgehend farbig bebildert
ISBN: 978-3-96058-097-3, **9,99 €**

Brez'n, Fleischpflanzerl oder Kartoffelsalat – gutes bayrisches Essen ist fast allen Hobbyköchen ein Begriff. Doch für eine Reise ins Land der bayrischen Schmankerl brauchst du keine Koffer zu packen: Eine bunte Mischung der bekannten Leckereien findest du hier in diesem Buch! Ob zur Brotzeit oder als Hauptspeise, für jeden Anlass und Geschmack ist etwas dabei. Schweinsbraten mit Knödeln und Kraut darf dabei ebenso wenig fehlen wie Kässpatzn oder die deftige Biersuppe. Lade deine Spezis nach Hause ein und verwöhn sie mit frisch gebackenen Laugenherzen, Fleischpflanzerln oder Krautsalat. Wie wäre es mit einer klassischen Bayrisch Creme zum Dessert oder einem Zwetschgendatschi zum Nachmittagskaffee? Die Rezepte sind wie immer für TM 5 und TM 31 umgeschrieben.

MIXtipp:
Italienische Küche
112 Seiten,
Format: 17 x 24 cm,
Klappenbroschur,
durchgehend farbig bebildert
ISBN: 978-3-96058-038-6, **9,99 €**

Bella Italia! Wer liebt sie nicht, die italienische Küche? Pizza, Pasta und ganz viel Amore. Das Team mixtipp ist mit der Autorin Sylvia Lühert gemeinsam auf eine kulinarische Reise durch Italien gegangen. Sie hat über 40 Rezepte zusammengestellt, die die Vielfalt der italienischen Küche widerspiegeln. Von Bruschetta mit Avocado und Mozzarella über die klassische Lasagne al forno, bis hin zu Haselnuss-Panna-Cotta oder schnellem Tartufo. Für jeden ist etwas dabei! Zaubere dir mit dem TM 5 oder dem TM 31 italienisches Flair in dein Zuhause! Wir wünschen dir viel Spaß beim Nachkochen der Rezepte!

MIXtipp:
Mediterrane Rezepte
104 Seiten,
Format: 17 x 24 cm,
Klappenbroschur,
durchgehend farbig bebildert
ISBN: 978-3-96058-086-7, **9,99 €**

Kastilianische Cremesuppe, Vitello Tonnato, Gyros Kefalonia oder Toskanischer Kaninchentopf – das sind nur einige der mediterranen Köstlichkeiten, die Maria del Carmen Martín-Gonzáles, langjährige Mitarbeiterin der spanischen Thermomix®-Zeitschrift „Cocina tu misma con Thermomix®", in diesem Buch zusammengestellt hat. Mit dieser speziell auf TM 5 und TM 31 zugeschnittenen Rezeptsammlung kannst du schonend und entspannt vielfältige Gerichte aus der mediterranen Küche zubereiten. Dabei findest du hier sowohl abwechslungsreiche Vorspeisen und Suppen als auch köstliche Hauptspeisen und raffinierte Desserts. Entdecke deine mediterrane Seite und genieße neue kulinarische Geschmacksmomente mit dem Thermomix® und unseren mixtipps.

LEMPERTZ

mixtipp

WEITERE TITEL AUS DIESER REIHE

AUCH ALS E-BOOK ERHÄLTLICH

**MIXtipp:
Spanische Rezepte**

120 Seiten,
Format: 17 x 24 cm,
Klappenbroschur,
durchgehend farbig bebildert
ISBN: 978-3-96058-107-9, **9,99 €**

Du hast Lust auf eine kulinarische Reise durch die Regionen Spaniens? Dann ist dieses Buch genau das Richtige für dich! Entlang der spanischen Küste über die Balearen und Kanaren führt die Reise durch Andalusien, Galizien, Katalonien und das Baskenland. Die gebürtige Spanierin Maria del Carmen Martín-Gonzáles stellt hier zusammen mit dem Team mixtipp die besten Rezepte ihrer Heimat vor. Inspiriert von den vielfältigen, köstlichen Lebensmitteln und der spanischen Gemütlichkeit ist eine Rezeptsammlung bestehend aus diversen Tapas, Suppen und Eintöpfen, Hauptgerichten, Dips, Desserts und Gebäck entstanden. Eben Spanien, wie es leibt und lebt! Und das Beste: Maria del Carmen Martín-Gonzáles hat alle Rezepte auf TM 5 und TM 31 umgeschrieben.

**MIXtipp:
Englische Küche**

128 Seiten,
Format: 17 x 24 cm,
Klappenbroschur,
durchgehend farbig bebildert
ISBN: 978-3-96058-102-4, **9,99 €**

Die englische Küche hat viel zu bieten: Dies ist nicht nur den zahlreichen Spitzenköchen und internationalen Einflüssen auf der Insel zu verdanken. Denn innerhalb weniger Jahre hat sich die British Cuisine längst zu einem Schlemmerparadies gemausert. Das weiß auch Ariane Mackenzie, die das Team mixtipp auf eine kulinarische Reise durch Großbritannien mitgenommen hat. Ihre Rezepte reichen von der traditionellen, englischen Hausmannskost bis zu raffinierten Speisen mit multikulturellen Einflüssen. Selbst der verhasste Porridge bekommt von unserer Autorin eine ganz neue Note eingehaucht. Daneben gibt es viele Tipps und Tricks rund um Großbritannien, den Thermomix® und natürlich die Rezepte. Alle vielfältigen Köstlichkeiten kannst du wie immer mit deinem TM 5 oder TM 31 zubereiten.

**MIXtipp
Kochen für Gäste**

104 Seiten,
Format: 17 x 24 cm,
Klappenbroschur,
durchgehend farbig bebildert
ISBN: 978-3-96058-040-9, **9,99 €**

Das nächste Essen mit Freunden oder der Familie steht an und man weiß einfach nicht, was man für so viele Leute kochen soll. Unser Autor Alexander Augustin stand auch schon oft vor diesem Problem. Mit der Zeit entwickelte er tolle Gerichte, die alle seine Gäste und auch das Team mixtipp begeistert haben. Beginne dein Menü mit einer Suppe, serviere zum Hauptgang Karibische Hähnchenspieße und entzücke deine Gäste zum krönenden Abschluss mit saftigen Schoko-Nuss-Kirsch-Brownies. Dazu darf natürlich ein selbst gemachter Eistee nicht fehlen. Egal ob 4-Gänge-Menü oder Buffet. Mit diesem Buch kannst du ganz entspannt Gäste einladen, denn während du den Tisch eindeckst, erledigt der Thermomix® den Rest für dich. Alle Rezepte sind wie immer für TM 5 und TM 31 ausgelegt.

LEMPERTZ

Gratis-Exemplar sichern!

Sichern Sie sich zum Kennenlernen der MIXX-Zeitschrift jetzt ein Gratis-Exemplar im Wert von 4,90 €!

Name

Vorname

Adresse

☐ Ja, schicken Sie mir Ihren kostenlosen E-Mail-Newsletter und halten Sie mich über Neuheiten und Sonderangebote des Heel-Verlags auf dem Laufenden!

E-Mail-Adresse

Ihre Daten werden von der HEEL Verlag GmbH gespeichert, um Ihnen Informationen aus unserem Verlagsprogramm zukommen zu lassen. Ihnen entstehen weder Kosten noch Verpflichtungen. Sie können sich jederzeit vom Newsletter abmelden.

Datum

Unterschrift

Teilnahmebedingungen: Dieser Gutschein ist nur auf postalischem Weg einzulösen. Pro Person nur ein Gutschein gültig

HEEL Verlag GmbH, MIXX-Redaktion, Pottscheidt 1, 53639 Königswinter
Tel.: 02223/9230-0, Fax: 02223/9230-13/26, www.heel-verlag.de